OSHA 10 horas
Construcción

Cuaderno de trabajo para el estudiante

Raúl Ross Pineda
compilador

Serie OSHA Outreach Training Program

OSHA 10 horas construcción; cuaderno de trabajo para el estudiante
Serie OSHA Outreach Training Program
© Raúl Ross Pineda
Chicago, Illinois, USA
V.1 agosto 2017
V.2 octubre 2017
V.3 abril 2018
ISBN-13: 978-1974103553
ISBN-10: 1974103552

OSHA 10 horas construcción

cuaderno de trabajo para el estudiante

Este libro contiene los materiales que el instructor debe entregar a los estudiantes que participen en el curso *OSHA 10 horas para la construcción* del OSHA Outreach Training Program. Incluye lecturas en las que se resaltan los principales puntos que el instructor ha de presentar, así como actividades a realizar y cuestionarios a responder por los estudiantes durante cada clase.

Para este trabajo se compilaron todos los materiales disponibles de manera dispersa en la página cibernética que la OSHA dedica a este curso, revisada el 2 de abril de 2018. Los documentos no disponibles en español fueron traducidos especialmente para esta edición por el mismo compilador.

Raúl Ross Pineda (mxsinfronteras@gmail.com) ha trabajado más de treinta años en diferentes industrias y en la construcción y actualmente se desempeña como instructor del Latino Worker Safety Center (www.obrerolatino.org).

Contenido

Introducción a la OSHA — 1

Seguridad y salud en el trabajo ¡Es la ley! OSHA; 2015. — 2

Empleadores deben proveer y pagar por EPP. OSHA. — 3

Sus derechos como denunciante. Hoja de Datos. OSHA; 2013. — 5

Somos la OSHA, podemos ayudar. OSHA; 2016. — 8

Actividad: Maneras de reportar peligros en el sitio de trabajo. OSHA. (Traducción de RRP). — 12

Derechos de los trabajadores según la OSHA. (Traducción de RRP). — 13

Equipo de protección personal y salvavidas — 15

Equipo de protección personal. Hoja de Datos. OSHA; 2010. — 16

Preguntas de repaso sobre Equipo de protección personal. OSHA 10 horas para la construcción. OSHA; 2015. (Traducción de RRP). — 18

Focus 4: Caídas — 19

Sistemas de barandales de seguridad y redes de seguridad. Construction Safety & Health Fall Hazards. Central New York COSH; 2007. — 20

Sistemas personales para detener las caídas. Construction Safety & Health Fall Hazards. Central New York COSH; 2007. — 21

Prevención de caídas de las escaleras; seguridad en la construcción. CDC, NIOSH, CPWR, The Center for Construction Research and Training, Health and Society, Telemundo. (Traducción de RRP). — 22

El trabajo en los andamios puede ser peligroso. Conozca las medidas básicas de seguridad en andamios. Resumen. Construction Safety & Health Fall Hazards. Central New York COSH; 2007. — 24

La seguridad en las escaleras portátiles: ¿Qué está mal en esta imagen? Ejercicio #2. Construction Safety & Health Fall Hazards. Central New York COSH; 2007. — 26

Sistemas personales para detener las caídas. Resumen. Construction Safety & Health Fall Hazards. Central New York COSH; 2007. — 31

Reconocimiento de peligros de caída. — 32

Preguntas de repaso sobre Caídas. OSHA. — 36

Focus 4: Electrocución — 37

Resumen sobre seguridad en el manejo de electricidad. Central New York COSH; 2007. — 38

Vocabulario condensado del manejo de electricidad. Anexo A. Central New York COSH; 2007. — 39

Reglas generales para la seguridad en la instalación eléctrica de una construcción. Anexo B. Central New York COSH; 2007. — 40

Efectos de la corriente eléctrica en el cuerpo humano. Construction Focus Four: Electrocution; Safety Tips for Workers. OSHA. — 41

¿Cómo aumenta el riesgo de electrocución? Enfoque en Cuatro Peligros (electrocución); Plática Relámpago No. 1. IUOE National Training Fund. (Traducción de RRP). — 42

¿Qué dispositivos y procedimientos pueden usarse para prevenir una electrocución? Enfoque en Cuatro Peligros (electrocución); Plática Relámpago No. 2. IUOE National Training Fund. (Traducción de RRP). — 43

¿Cómo prevenir la electrocución al usar herramientas eléctricas? Enfoque en Cuatro Peligros (electrocución); Plática Relámpago No. 3. IUOE National Training Fund. (Traducción de RRP). — 44

Seguridad eléctrica. Datos Rápidos. OSHA. — 45

Las situaciones en las que hay agua y los interruptores de circuito que perdió tierra. La seguridad y la electricidad; Actividad 3. Central New York COSH. — 46

Los cordones de extensión, el cobre y la corriente. La seguridad y la electricidad; Actividad 4. Central New York COSH. — 49

Resumen de accidente #11. Hechos fatales; Reporte de accidente. OSHA; 2001. (Traducción de RRP). — 52

Resumen de accidente #17. Hechos fatales; Reporte de accidente. OSHA; 2001. (Traducción de RRP). — 53

Resumen de accidente #28. Hechos fatales; Reporte de accidente. OSHA; 2001. (Traducción de RRP). — 54

Resumen de accidente #30. Hechos fatales; Reporte de accidente. OSHA; 2001. (Traducción de RRP). — 55

Resumen de accidente #40. Hechos fatales; Reporte de accidente. OSHA; 2001. (Traducción de RRP). — 56

Resumen de accidente #49. Hechos fatales; Reporte de accidente. OSHA; 2001. (Traducción de RRP). — 57

Resumen de accidente #57. Hechos fatales; Reporte de accidente. OSHA; 2001. (Traducción de RRP). — 58

Resumen de accidente #60. Hechos fatales; Reporte de accidente. OSHA. (Traducción de RRP). — 59

Reconocimiento de peligros de electrocución. — 60

Preguntas de repaso sobre Electrocución. Focus 4 en la construcción. OSHA. (Traducción de RRP). — 64

Focus 4: Golpe — 67

Alerta de peligro: pistola de clavos. CPWR; 2008. (Traducción de RRP). — 68

Las grúas y el equipo del aparejo. Focus 4. Construction Safety Council. — 70

Lista de verificación de equipo de protección personal para los trabajadores. OSHA. (Traducción de RRP). — 71

Opcion A. Enfoque en Cuatro Peligros; Plática Relámpago No. 1. IUOE National Training Fund. (Traducción de RRP). — 72

Opcion B. Enfoque en Cuatro Peligros; Plática Relámpago No. 2. IUOE National Training Fund. (Traducción de RRP). — 73

Resumen de accidente #2. Hechos fatales; Reporte de accidente. OSHA. (Traducción de RRP). — 74

Resumen de accidente #4. Hechos fatales; Reporte de accidente. OSHA. (Traducción de RRP). — 75

Resumen de accidente #8. Hechos fatales; Reporte de accidente. OSHA. (Traducción de RRP). — 76

Resumen de accidente #51. Hechos fatales; Reporte de accidente. OSHA. (Traducción de RRP). — 77

Reconocimiento de peligros de golpe. — 78

Preguntas de repaso sobre Golpes. Focus 4 en la construcción. OSHA. (Traducción de RRP). — 82

Focus 4: Atrapado — 85

Resumen de accidente #5. Hechos fatales; Reporte de accidente. OSHA. (Traducción de RRP). — 86

Resumen de accidente #13. Hechos fatales; Reporte de accidente. OSHA. (Traducción de RRP). — 87

Resumen de accidente #15. Hechos fatales; Reporte de accidente. OSHA. (Traducción de RRP). — 88

Resumen de accidente #18. Hechos fatales; Reporte de accidente. OSHA. (Traducción de RRP). ... 89

Resumen de accidente #22. Hechos fatales; Reporte de accidente. OSHA. (Traducción de RRP). ... 90

Resumen de accidente #31. Hechos fatales; Reporte de accidente. OSHA. (Traducción de RRP). ... 91

Resumen de accidente #38. Hechos fatales; Reporte de accidente. OSHA. (Traducción de RRP). ... 92

Resumen de accidente #50. Hechos fatales; Reporte de accidente. OSHA. (Traducción de RRP). ... 93

Resumen de accidente #61. Hechos fatales; Reporte de accidente. OSHA. (Traducción de RRP). ... 94

Resumen de accidente #73. Hechos fatales; Reporte de accidente. OSHA. (Traducción de RRP). ... 95

Reconocimiento de peligros de atrapado. ... 96

Ejercicio sobre Atrapado. (Traducción de RRP). ... 100

Preguntas de repaso sobre Atrapado. Focus 4 en la construcción. OSHA. (Traducción de RRP). ... 101

Grúas ... 103

Subparte CC; grúas y torres en la construcción: ensamblaje y desensamblaje. Hoja de Datos. OSHA. (Traducción de RRP). ... 104

Subparte CC; grúas y torres en la construcción: inspección de cableado. Hoja de Datos. OSHA; 2013. (Traducción de RRP). ... 106

Preguntas de repaso sobre Grúas. OSHA 10 horas para la construcción. OSHA; 2015. (Traducción de RRP). ... 110

Excavaciones ... 111

Seguridad para el zanjado y la excavación. OSHA; 2011. ... 112

Preguntas de repaso sobre Excavaciones. OSHA 10 horas para la construcción. OSHA; 2015. (Traducción de RRP). ... 114

Manejo de materiales ... 115

Almacenamiento. US Department of Labor. ... 116

Preguntas de repaso sobre Manejo de materiales. OSHA 10 horas para la construcción. OSHA; 2015. (Traducción de RRP). ... 120

Andamios — 121

Andamios tubulares con acoplador: Erección y uso. OSHA; 2014. (Traducción de RRP). — 122

Preguntas de repaso sobre Andamios. OSHA 10 horas para la construcción. OSHA; 2015.(Traducción de RRP). — 125

Escalinatas y escaleras — 127

Reducción de caídas en la construcción: uso seguro de las escaleras de extensión. Hoja de Datos. OSHA; 2013. (Traducción de RRP). — 128

Seguridad en la escalera portátil. Datos Rápidos. OSHA. (Traducción de RRP). — 131

Reducción de caídas en la construcción: uso seguro de las escaleras de tijera. Hoja de Datos. OSHA; 2013. (Traducción de RRP). — 133

Reducción de caídas en la construcción: uso seguro de escaleras de madera hechas en el trabajo. Hoja de Datos. OSHA; 2013. (Traducción de RRP). — 136

Preguntas de repaso sobre Escalinatas y escaleras. OSHA 10 horas para la construcción. OSHA; 2015. (Traducción de RRP). — 139

Herramientas manuales y de poder — 141

Amputaciones. Hoja de Datos. OSHA; 2002. (Traducción de RRP). — 142

Preguntas de repaso sobre Herramientas manuales y de poder. OSHA 10 horas para la construcción. OSHA; 2015. (Traducción de RRP). — 145

Peligros para la salud en la construcción — 147

Asbestos. Hoja de Datos. OSHA; 2014. — 148

Exposición a la sílice cristalina. Información sobre riesgos de la salud. OSHA; 2003. — 151

Protegiendo a los trabajadores de los riesgos del plomo. Hoja de Datos. OSHA; 2005. (Traducción de RRP). — 153

Preguntas de repaso sobre Peligros para la salud. OSHA 10 horas para la construcción. OSHA; 2015. (Traducción de RRP). — 155

Introducción a la OSHA

Seguridad y Salud en el Trabajo
¡ES LA LEY!

Todos los trabajadores tienen el derecho a:

- Un lugar de trabajo seguro.
- Decir algo a su empleador o la OSHA sobre preocupaciones de seguridad o salud, o reportar una lesión o enfermedad en el trabajo, sin sufrir represalias.
- Recibir información y entrenamiento sobre los peligros del trabajo, incluyendo sustancias toxicas en su sitio de trabajo.
- Pedirle a la OSHA inspeccionar su lugar de trabajo si usted cree que hay condiciones peligrosas o insalubres. Su información es confidencial. Algún representante suyo puede comunicarse con OSHA a su nombre.
- Participar (o su representante puede participar) en la inspección de OSHA y hablar en privado con el inspector.
- Presentar una queja con la OSHA dentro de 30 días (por teléfono, por internet, o por correo) si usted ha sufrido represalias por ejercer sus derechos.
- Ver cualquieras citaciones de la OSHA emitidas a su empleador.
- Pedir copias de sus registros médicos, pruebas que miden los peligros en el trabajo, y registros de lesiones y enfermedades relacionadas con el trabajo.

Este cartel está disponible de la OSHA para gratis.

Los empleadores deben:

- Proveer a los trabajadores un lugar de trabajo libre de peligros reconocidos. Es ilegal discriminar contra un empleado quien ha ejercido sus derechos bajo la ley, incluyendo hablando sobre preocupaciones de seguridad o salud a usted o con la OSHA, o por reportar una lesión o enfermedad relacionada con el trabajo.
- Cumplir con todas las normas aplicables de la OSHA.
- Reportar a la OSHA todas las fatalidades relacionadas con el trabajo dentro de 8 horas, y todas hospitalizaciones, amputaciones y la perdida de un ojo dentro de 24 horas.
- Proporcionar el entrenamiento requerido a todos los trabajadores en un idioma y vocabulario que pueden entender.
- Mostrar claramente este cartel en el lugar de trabajo.
- Mostrar las citaciones de la OSHA acerca del lugar de la violación alegada.

Los empleadores de tamaño pequeño y mediano pueden recibir ASISTENCIA GRATIS para identificar y corregir los peligros sin citación o multa, a través de los programas de consultación apoyados por la OSHA en cada estado.

Llame OSHA. Podemos ayudar.

1-800-321-OSHA (6742) • TTY 1-877-889-5627 • www.osha.gov

Empleadores Deben Proveer y Pagar por EPP

Equipo de protección personal (EPP)

La Administración de Seguridad y Salud Ocupacional (OSHA) requiere que todos los empleadores protejan a los empleados en el sitio de trabajo de peligros que puedan causar lesiones o enfermedades. Controlando un peligro y su origen es la mejor manera de proteger a los trabajadores.

Sin embargo cuando la ingeniería, prácticas de trabajo y controles de administración no son posibles o no proveen suficiente protección, empleadores deben proveer equipo de protección personal (EPP).

EPP es equipo usado para reducir la exposición a una variedad de peligros. Ejemplos incluye artículos como guantes, protección de pies y ojos, protección de oídos (orejeras, tapones) cascos y respiradores.

Obligaciones del Empleador

- Ejecutar una evaluación de peligros en el sitio de trabajo para identificar y controlar peligros de salud.
- Identifica y provee equipo apropiado EPP.
- Entrena empleados en el uso y cuidado del EPP
- Mantiene EPP incluyendo reemplazo de EPP gastado o dañado.
- Periódicamente revisa y mejora la evaluación de la efectividad del Programa EPP

Obligaciones de los Trabajadores

- Usar el EPP en forma correcta
- Atender clases de entrenamiento de EPP
- Cuidar, mantener y limpiar su EPP,
- Informar a un supervisor si es necesario reparar o reemplazar el EPP

Empleadores Deben Pagar por Equipo de Protección Personal

El 15 de mayo de 2008, una nueva regla de OSHA sobre la responsabilidad del empleador por el costo del EPP se puso en efecto. Con muy pocas excepciones, OSHA ahora requiere que los empleadores paguen por el equipo de protección personal usado para conformar con las reglas de OSHA. La regla final no cambia los requisitos del equipo EPP que el empleador debe proporcionar.

La nueva regla clarifica que los empleadores no pueden requerir a los empleados que provean su propio EPP así como el uso del equipo que el empleado tenga es estrictamente voluntario.

Aun cuando un trabajador provee su propio EPP, el empleador debe asegurarse que el equipo usado es adecuado para proteger al trabajador de los peligros del sitio de trabajo.

Ejemplos de EPP que el Empleador debe Pagar

Protección de los metatarsos de los pies

- Botas de caucho con protección de metal para los dedos
- Anteojos de protección sin receta
- Anteojos con receta capaces de usarse con respiradores
- Gafas de protección y escudos de cara
- EPP contra incendios (casco, guantes, botas, trajes de proximidad, equipo completo)
- Cascos Duros
- Protección de oídos
- Equipo de soldar

Excepciones de pago bajo la regla de OSHA

Empleadores no están obligados a pagar por cierto EPP en ciertas circunstancias:

- Zapatos de seguridad no especiales, (incluyendo zapatos de seguridad o botas) y anteojos sin receta que el empleador considere aceptable de usar fuera de el sitio de trabajo. (OSHA) basó esta decisión en el hecho de que este tipo de equipo es muy personal, muy a menudo es usado fuera del sitio de trabajo y es usado por los empleados de trabajo a trabajo y de empleador a empleador.
- Ropa de uso diario así como camisas de manga larga, pantalones largos, zapatos de diario, y botas de uso normal.
- Ropa de diario. Cremas para la piel, y otros objetos usados para protección contra el clima, así como abrigos de invierno, chaquetas, guantes, parcas, botas de caucho, sombreros, impermeables, lentes de sol, y crema contra el sol.
- Redecillas para el pelo y guantes usados por trabajadores en comidas para la protección y seguridad.de los clientes.
- Cinturones para levantar pesos, porque su efectividad está en duda.
- Cuando un empleado ha perdido o intencionalmente dañado el EPP, y el equipo deba ser reemplazado.
-

Estándares de OSHA que aplican

OSHA Industria General EPP Reglas

- 1910.132 Requerimientos Generales y pago
- 1910.133 Protección de ojos y cara
- 1910.134 Protección de la respiración
- 1910.135 Protección de la cabeza
- 1910.136 Protección de los pies
- 1910.137 Dispositivos de protección eléctrica
- 1910.138 Protección de las manos

OSHA Construcción EPP Reglas

- 1926.28 Equipo de protección Personal
- 1926.95 Criterio para Equipo de protección Personal
- 1926.96 Protección laboral del pie
- 1926.100 Protección de la cabeza
- 1926.101 Protección auditiva
- 1926.102 Protección de ojos y cara
- 1926.103 Protección de la respiración

También hay requerimientos de EPP en astilleros y terminales marítimos y muchas reglas para peligros específicos tal como 1910.1030: Patógenos en la sangre y Permiso requerido para entrar a espacios confinados.

Hoja de Datos OSHA®

Sus derechos como denunciante

Usted puede presentar una queja ante la OSHA si su empleador toma represalias en su contra mediante alguna acción laboral punitoria debido a su participación en una actividad protegida relativa a las leyes de seguridad y salud en el lugar de trabajo, el asbesto en las escuelas, contenedores para embarque, aerolíneas, vehículos automotores comerciales, productos de consumo, medio ambiente, reforma financiera, seguridad de alimentos, reforma del sistema de seguro médico, seguridad de vehículos automotores, energía nuclear, oleoductos, organismos de transporte público, ferrocarriles, marítimas y valores.

Leyes de protección a denunciantes aplicadas por la OSHA

Cada ley requiere que las quejas sean presentadas dentro de un cierto número de días después de la alegada represalia.

- *Ley de Respuesta a Emergencias por Riesgos de Asbesto* (**90 días**)
- *Ley de Aire Limpio* (**30 días**)
- *Ley Integral de Respuesta, Indemnización y Responsabilidad Civil por Contaminación Ambiental* (**30 días**)
- *Ley de Protección Financiera de los Consumidores de 2010* (**180 días**)
- *Ley de Mejoras en la Seguridad de los Productos de Consumo* (**180 días**)
- *Ley de Reorganización de la Energía* (**180 días**)
- *Ley Federal de Seguridad Ferroviaria* (**180 días**)
- *Ley Federal de Control de la Contaminación del Agua* (**30 días**)
- *Ley sobre Seguridad de los Contenedores Internacionales* (**60 días**)
- *Ley Avanzando para el Progreso en el Siglo 21* (seguridad de vehículos automotores) (**180 días**)
- *Ley de Seguridad de los Sistemas Nacionales de Tránsito* (**180 días**)
- *Ley de Seguridad y Salud Ocupacionales* (**30 días**)
- *Ley de Mejora de la Seguridad de los Oleoductos* (**180 días**)
- *Ley de Agua Potable Segura* (**30 días**)
- *Ley Sarbanes-Oxley* (**180 días**)
- *Ley de Protección de los Marineros* (**180 días**)
- *Artículo 402 de la Ley de Modernización de la Inocuidad de los Alimentos de la Administración de Alimentos y Medicamentos (FDA, por sus siglas en inglés)* (**180 días**)
- *Artículo 1558 de la Ley del Cuidado de Salud de Bajo Precio* (**180 días**)
- *Ley de Eliminación de Desperdicios Sólidos* (**30 días**)
- *Ley de Asistencia al Transporte de Superficie* (**180 días**)
- *Ley de Control de Sustancias Tóxicas* (**30 días**)
- *Ley Wendell H. Ford sobre Inversión y Reforma de la Aviación para el Siglo 21* (**90 días**)

Acciones laborales punitorias

Se puede determinar que su empleador ha tomado represalias contra usted si su actividad protegida fue un factor contribuyente o motivante en la decisión de ejercer una acción laboral punitoria.

Tales acciones pueden incluir:

- La aplicación o emisión de una política la cual prevé una acción laboral punitoria debido a la actividad protegida bajo una ley para la protección a denunciantes aplicada por la OSHA
- Inclusión en una lista negra
- Descenso de categoría laboral
- Denegación del pago de horas extra o de ascenso de categoría laboral
- Medidas disciplinarias
- Denegación de beneficios
- Denegación de contratación o de recontratación
- Despido o cese en el empleo
- Intimidación
- Amenazas
- Reasignación con efectos en las perspectivas de ascenso de categoría laboral
- Reducción del sueldo o de las horas de trabajo
- Suspensión del trabajo

Presentación de quejas

Si usted considera que su empleador tomó represalias contra usted por ejercer sus derechos legales como empleado, comuníquese con la OSHA lo antes posible, dado que debe presentar su queja dentro del límite de tiempo legal.

Empleadores pueden presentar una queja ante la OSHA al visitar o llamar a la oficina de la OSHA más cercana o al enviar una queja por escrito a la oficina de la OSHA regional o zonal más cercana. Las quejas por escrito pueden enviarse por fax, correo electrónico o entregarse personalmente durante las horas hábiles o por correo (recomendamos correo certificado) o por otro servicio de correo de terceros. La fecha de franqueo, fax, correo electrónico, llamada telefónica, entrega personal, entrega por un servicio de correo de terceros o presentación de la queja en persona en la oficina se considera la fecha de presentación. No se requiere ningún formulario específico y las quejas se pueden entregar en cualquier idioma.

Para obtener información de contacto de una oficina zonal de la OSHA, favor de llamar al 1-800-321-OSHA (6742) o visite www.osha.gov/html/RAmap.html (en inglés).

Al recibir una queja, la OSHA primero la revisará para determinar su validez. Toda queja se investigará de acuerdo con los requisitos legales.

Con la excepción de los empleados del Servicio de Correo Nacional, empleados del sector público (empleados municipales, estatales, federales, empleados del condado o de los territorios) no están cubiertos por la *Ley de Seguridad y Salud Ocupacionales* (OSH Act). Empleados no federales del sector público y con la excepción de Connecticut, Nueva York, Nueva Jersey, las Islas Vírgenes e Illinois, empleados del sector privado están cubiertos en los estados que manejan sus propios programas de seguridad y salud ocupacionales que están aprobados por el programa de la OSHA federal. Para obtener información sobre los 27 Planes Estatales, llame al 1-800-321-OSHA (6742) o visite www.osha.gov/dcsp/osp/index.html (en inglés).

Un empleado federal que desea presentar una queja alegando represalia debido a la divulgación de un peligro considerable y un peligro relacionado con la seguridad y salud pública o los que se relacionan con la seguridad y salud ocupacionales, debe contactarse con la Oficina de Consejo Especial (www.osc.gov) (en inglés) y la Oficina de la OSHA para los Programas de Agencias Federales (www.osha.gov/dep/enforcement/dep_offices.html) (en inglés).

La cobertura para empleados del sector público bajo otros requisitos legales administrados por la OSHA varía según el requisito legal. Si usted es un empleado del sector público y si no está seguro si está cubierto bajo una ley de protección a denunciantes, llame al 1-800-321-OSHA (6742) para recibir asistencia o visite www.whistleblowers.gov (en inglés).

De qué manera la OSHA determina si ha existido represalia

La investigación debe revelar que:

- El empleado realizó una actividad protegida;
- El empleador tenía conocimiento de la actividad protegida o sospechaba la actividad protegida; El empleador ejerció una acción punitiva; y
- La actividad protegida fue el factor motivante o contribuyó a la decisión de ejercer una acción punitiva contra el empleado.

Si la evidencia sustenta lo alegado por el empleado y no se puede lograr un acuerdo, generalmente la OSHA emitirá al empleador una orden, la cual el empleador puede disputar, exigiendo reintegrar al empleado, pagarle los salarios no percibidos, devolverle los beneficios y otros posibles remedios para restablecer al empleado. Bajo algunas de las leyes, el empleador debe cumplir con la orden para reintegrar al empleado inmediatamente. En casos bajo *la Ley de Seguridad y Salud Ocupacionales, la Ley de Respuesta a Emergencias por los Riesgos de Asbesto* y *la Ley sobre Seguridad de los Contenedores Internacionales*, el Secretario de Trabajo presentará una demanda en la corte federal del distrito para conseguir relieve.

Lista parcial de protecciones a denunciantes

Protección a denunciantes bajo la Ley OSH

La Ley OSH protege a los trabajadores que se quejan a su empleador, a la OSHA o a otros organismos del gobierno sobre condiciones de trabajo que no son saludables o seguras o sobre problemas ambientales. Usted no puede ser transferido, negado un aumento, tener sus horas reducidas, ser despedido o ser castigado de cualquier otra manera por ejercer sus derechos bajo La Ley OSH. Hay ayuda de la OSHA para los denunciantes (en inglés).

Si lo han castigado o han discriminado contra usted por ejercer sus derechos, usted tiene que presentar una queja ante la OSHA dentro de 30 días de haber ocurrido la represalia alegada para la mayoría de las quejas. No se requiere ningún formulario, pero tiene que enviar una carta o llamar a la oficina de la OSHA más cercana explicando la situación y la discriminación alegada (dentro de 30 días de la discriminación alegada).

Usted tiene un derecho limitado bajo la Ley de Seguridad y Salud Ocupacionales a rehusarse a realizar un trabajo debido a condiciones peligrosas. Puede hacerlo al amparo de la Ley OSH sólo cuando (1) considere que enfrenta peligro de muerte o lesión seria (y la situación es tan claramente riesgosa que cualquier persona razonable pensaría lo mismo); (2) haya intentado que su empleador corrija la situación y no haya otra forma de realizar el trabajo de manera segura; y (3) la situación es tan apremiante que usted no tiene tiempo de eliminar el riesgo a través de los canales reglamentarios, como sería comunicarse con la OSHA. Para más detalles, véase www.osha.gov/as/opa/worker/refuse.html (en inglés). La OSHA no puede hacer cumplir contratos de sindicatos o leyes estatales que confieren el derecho a rehusar a trabajar.

Protección a denunciantes en la industria del transporte

Los empleados cuyo trabajo afecta directamente la seguridad de los vehículos automotores comerciales están protegidos contra represalias de sus empleadores por entre otras cosas, denunciar violaciones de las normas o reglamentos federales de seguridad de los vehículos automotores comerciales por rehusarse a operar un vehículo debido a tales condiciones, o por tener un temor razonable de muerte o lesión seria y se han quejado a su empleador y todavía no encuentran que la condición peligrosa se haya corregido.

Asimismo, los empleados del transporte aéreo, y los contratistas o subcontratistas que plantean preocupaciones de seguridad o denuncian violaciones de las normas y reglamentos de la Autoridad Federal de Aviación (FAA, según siglas en inglés), están protegidos contra represalias, así como también los empleados de propietarios y operadores de redes de oleoductos, sus contratistas y subcontratistas que denuncian violaciones de las normas y reglamentos sobre redes de oleoductos. Los empleados que trabajan en el transporte internacional que denuncian condiciones peligrosas de contenedores también están protegidos. Asimismo, empleados de empresas de ferrocarriles o de agencias de transporte público, los contratistas o subcontratistas que denuncian condiciones de seguridad peligrosas o violaciones de las normas y reglamentos relacionados a la seguridad de ferrocarriles o transporte público están protegidos contra represalias.

Protección a denunciantes que notifican sobre violaciones de leyes ambientales

Una serie de leyes protegen a los empleados que denuncian violaciones de las leyes ambientales relacionadas con el agua potable y la contaminación de las aguas, sustancias tóxicas, disposición de desperdicios sólidos, calidad del aire y contaminación del aire, asbesto en las escuelas, y vertederos de desechos peligrosos. *La Ley de Reorganización de la Energía* protege a los empleados que plantean preocupaciones de seguridad en la industria de la energía nuclear y de la medicina nuclear.

Protección a denunciantes de fraude corporativo

Los empleados que trabajan para compañías que se cotizan en Bolsa o a las que se exige presentar ciertos informes a la Comisión de Valores y Bolsa (SEC, por sus siglas en inglés) están protegidos contra represalias por denunciar fraude postal, electrónico, o bancario, violaciones de las normas o reglamentos de la Comisión de Valores y Bolsa o a las leyes federales relacionadas con fraude contra accionistas.

Protección a denunciantes que notifican sobre preocupaciones de productos del consumidor

Empleados de fabricantes, importadores, distribuidores, minoristas y etiquetadores privados de productos para consumidores están protegidos contra represalias por denunciar violaciones razonablemente percibidas de cualquier ley o norma dentro de la jurisdicción de la Comisión de Seguridad de Productos del Consumidor.

Información adicional

Para obtener mayor información sobre las leyes de protección a los denunciantes, visite www.whistleblowers.gov (en inglés).

Ésta es una serie de boletines informativos que indican los programas, las políticas y las normas de la OSHA. No imponen ningún nuevo requisito de cumplimiento. Para una lista completa de los requisitos de cumplimiento de las normas o reglamentos de la OSHA, ver el Título 29 del Código de Normas Federales. Mientras algunas de estas leyes de protección a denunciantes recientemente se han promulgado y las normas finales que las implementan todavía no pueden estar disponibles en el Código de Normas Federales, sin embargo las leyes aún siguen siendo aplicadas por la OSHA. Esta información está disponible para personas con discapacidades sensoriales, a pedido. El teléfono de voz es (202) 693-1999; teléfono de texto: (877) 889-5627.

Si necesita ayuda, contáctenos.

Departamento de Trabajo de los EE. UU.
www.osha.gov (800) 321-OSHA (6742)

Somos la OSHA

Podemos ayudar

Los derechos de los trabajadores bajo el Acta de la OSHA

Trabajadores tienen el derecho a condiciones de trabajo sin riesgo de daño serio. Para asegurar un sitio de trabajo seguro y saludable, la OSHA también proporciona a trabajadores el derecho a:

- Pedir que la OSHA realice una inspección del lugar de trabajo;
- Ejercer sus derechos bajo la ley, libre de venganza;
- Recibir información y entrenamiento sobre los peligros, métodos para prevenir daños y los estándares de la OSHA que aplican a su sitio de trabajo. El entrenamiento debe estar en un idioma que usted puede entender;
- Tener acceso a los resultados de las pruebas que se hagan para encontrar peligros en el sitio de trabajo;
- Leer los registros de lesiones y enfermedades relacionadas al trabajo;
- Tener acceso a copias de sus informes médicos.

Administración de Seguridad y Salud Ocupacional
Departamento de Trabajo de los EE. UU.

A quien cubre la OSHA

Trabajadores del sector privado

La mayoría de los empleados en el país están bajo la jurisdicción de la ley de la OSHA. La OSHA cubre a empleadores y trabajadores del sector privado en los 50 estados, el Distrito de Columbia y otras jurisdicciones de los Estados Unidos, bien sea directamente por la OSHA federal, o por un programa estatal aprobado por la OSHA. Los programas estatales de seguridad y salud deben ser por lo menos tan eficaces como el programa federal de la OSHA. Para encontrar la información de contacto para la oficina del programa federal o estatal de la OSHA más cercana, llame al 1-800-321-OSHA (6742) o visite www.osha.gov/spanish.

Trabajadores del estado y del gobierno local

Los empleados que trabajan para gobiernos estatales y locales no son cubiertos por la OSHA federal, pero tienen protecciones bajo la ley de la OSHA si trabajan en los estados que tienen un programa estatal aprobado por la OSHA:

Alaska	Arizona	California
Hawaii	Indiana	Iowa
Kentucky	Maryland	Michigan
Minnesota	Nevada	New Mexico
North Carolina	Oregon	South Carolina
Tennessee	Utah	Vermont
Virginia	Washington	Wyoming
Puerto Rico		

Cinco estados y un territorio de los EE. UU. tienen planes aprobados por la OSHA que cubren solamente a trabajadores del sector público. Estos incluyen:

Connecticut	Illinois	Maine
New Jersey	New York	Virgin Islands

Los trabajadores del sector privado en estos cuatro estados y las Islas Vírgenes están cubiertos por la OSHA federal.

Trabajadores del gobierno federal

Las agencias federales deben tener un programa de seguridad y salud que cumpla los mismos estándares que los empleadores privados. Aunque la OSHA no asigna multas a las agencias federales, sí las monitorea y responde a las quejas de sus trabajadores. El servicio postal de los Estados Unidos (USPS) es cubierto por la OSHA.

No cubierto por la ley de la OSHA:
- Trabajadores independientes;
- Miembros de la familia inmediata de los dueños de una granja que no emplea a trabajadores exteriores; y
- Riesgos en el trabajo que son regulados por otra agencia federal (por ejemplo la Administración de Seguridad y Salud de Minas (MSHA), el Departamento de Energía, o los Guardacostas).

Estándares de la OSHA: Protección en el trabajo

Los estándares de la OSHA son regulaciones que describen los métodos que los empleadores deben usar para proteger a sus empleados contra peligros y riesgos. Hay estándares de la OSHA para la construcción, la agricultura, las operaciones marítimas y la industria general. Esta última categoría son los estándares que aplican a la mayoría de los sitios de trabajo. Estándares limitan la cantidad de productos químicos peligrosos a los cuales trabajadores pueden ser expuestos; requieren el uso de ciertas prácticas y equipos seguros; y requieren que los empleadores supervisen peligros y guarden informes de las lesiones y enfermedades en el sitio de trabajo. Ejemplos de los estándares de la OSHA incluyen requisitos para: proporcionar protección de caídas; prevenir el derrumbamiento de excavaciones; prevenir algunas enfermedades infecciosas; asegurarse de que los trabajadores entren a espacios encerrados de forma segura; prevenir que empleados estén expuestos a sustancias nocivas como el asbesto; poner guardas en las máquinas; proveer respiradores u otro equipo de seguridad; y proveer entrenamiento para ciertos trabajos peligrosos.

Los empleadores también deben conformar con la Cláusula del Deber General de la ley de la OSHA que requiere que los empleadores mantengan su sitio de trabajo libre de peligros que son reconocidos como serios. Esta cláusula se cita generalmente cuando ningún estándar de la OSHA aplica directamente al peligro.

Los trabajadores pueden pedir que la OSHA inspeccione su sitio de trabajo

Los trabajadores o sus representantes pueden hacer una queja y pedir a la OSHA que realice una inspección de su sitio de trabajo si creen que hay un peligro serio o su empleador no está cumpliendo con los estándares de la OSHA. Un trabajador puede decirle a la OSHA que mantenga su identidad confidencial. **Es una violación de la ley de la OSHA que un empleado sea despedido, degradado, transferido o represaliado en cualquier manera por hacer una queja o ejercer otros derechos de la OSHA.**

Las quejas escritas firmadas por un trabajador o su representante y enviadas a la oficina de la OSHA más cercana tienen mayor probabilidad de resultar en una inspección de la OSHA en su sitio de trabajo. Usted puede llamar 1-800-321-OSHA (6742) para pedir un formulario de queja de su oficina local o visite www.osha.gov/pls/osha7/ecomplaintform_sp.html para presentar el formulario por internet. También puede enviar formularios rellenados por fax o correo a la oficina local de OSHA. La mayoría de las quejas enviadas por el Internet se pueden resolver informalmente por el teléfono con su empleador.

Cuando llega un inspector de la OSHA, los trabajadores y sus representantes tienen el derecho a:

- Estar presente durante la inspección;
- Hablar con el inspector de la OSHA en privado; y
- Tomar parte en reuniones entre el inspector y el empleador antes y después de la inspección.

Cuando no hay un representante de la unión o del empleado, el inspector de la OSHA debe hablar confidencialmente con un número razonable de trabajadores durante el curso de la inspección.

Cuando un inspector encuentra violaciones de los estándares de la OSHA, o peligros serios, la OSHA puede emitir citaciones y multas. Una citación incluye los métodos que un empleador puede usar para arreglar el problema, y la fecha cuando estas acciones correctivas deben estar completas. Los trabajadores sólo tienen el derecho a cuestionar la fecha en la que el problema tiene que estar resuelto. Empleadores tienen el derecho a disputar si hay una violación, o cualquier otra parte de la citación. Los trabajadores o sus representantes deben notificar a la OSHA si quieren estar involucrados en el proceso de apelación, en caso de que el empleador cuestiona una citación.

Si usted envía una queja solicitando una inspección de la OSHA, usted tiene el derecho a recibir una copia de los resultados de la inspección de la OSHA y pedir que éstos sean revisados si la OSHA decide no emitir citaciones.

Responsabilidades del empleador

Los empleadores tienen la responsabilidad de proveer un sitio de trabajo seguro. **Empleadores TIENEN que proveer un sitio de trabajo libre de peligros serios y tienen que seguir todos los estándares de seguridad y salud de la OSHA.** Empleadores tienen que descubrir y corregir problemas de seguridad y de salud. La OSHA también requiere que los empleadores traten de eliminar o disminuir los peligros, haciendo cambios en las condiciones de trabajo, en vez de depender simplemente del uso de máscaras, guantes, tapones para las orejas u otros tipos de equipo de protección personal (PPE). Cambiando a productos químicos más seguros, procesos para atrapar gases dañinos, o el uso de sistemas de ventilación para limpiar el aire son algunos ejemplos de las maneras eficaces para eliminar o reducir los riesgos.

Empleadores también **TIENEN QUE**:

- Exhibir en un lugar bien visible el cartel oficial de la OSHA titulado "Seguridad y salud en el empleo: Es la ley", que describe los derechos y responsabilidades de conformidad con la Ley OSH. **Este cartel es gratis y lo puede bajar desde www.osha.gov/spanish;**
- Informar a los trabajadores sobre los peligros de químicos por medio de capacitación, etiquetas, alarmas, codificación con colores, hojas informativas sobre sustancias químicas y otros métodos;
- Proporcionar capacitación en materia de seguridad a los trabajadores en un idioma y con un vocabulario que puedan entender;
- Mantener registros precisos de las lesiones y enfermedades ocupacionales;
- Realizar pruebas en el lugar de trabajo, como muestreo del aire, exigidas por algunas normas de la OSHA;
- Proveer el equipo de protección personal exigido, sin costo para los trabajadores*;
- Ofrecer exámenes de audición u otros exámenes médicos exigidos por las normas de la OSHA;

- Colocar citaciones de la OSHA y datos sobre lesiones y enfermedades donde los trabajadores puedan verlos; y
- Hay que notificar a la OSHA dentro de 8 horas de una fatalidad en el lugar de trabajo o dentro de 24 horas de ser internado en un hospital por un accidente en el trabajo, una amputación o pérdida de un ojo (1-800-321-OSHA [6742]);
- No tomar represalias contra los trabajadores por el uso de sus derechos bajo la ley, incluyendo el derecho de reportar una herida o enfermedad relacionada con el trabajo.

* Los empleadores deben pagar la mayoría de los tipos de equipo de protección personal exigido.

La ley protege a trabajadores de represalias por ejercer sus derechos bajo la ley de OSHA

La ley de la OSHA protege a los trabajadores que se quejan a su empleador, a la OSHA, o a otras agencias del gobierno sobre condiciones de trabajo que no son saludables o seguras, o sobre problemas ambientales. Usted no puede ser transferido, negado un aumento, tener sus horas reducidas, ser despedido, o ser castigado de cualquier otra manera por ejercer sus derechos bajo la ley de la OSHA. Hay ayuda de la OSHA para los denunciantes.

Si lo han castigado o han represaliado contra usted por ejercer sus derechos, usted tiene que presentar una queja con la OSHA **dentro de 30 días** desde la fecha de la decisión de represalia y su comunicación a usted. No se requiere ningún formulario, pero usted tiene que llamar a OSHA dentro de 30 días de la represalia alegada al 1-800-321-OSHA (6742) y pedir hablar con la oficina más cercana para reportar la represalia.

Usted tiene el derecho a un sitio de trabajo seguro

Usted tiene el derecho a un sitio de trabajo seguro. La ley de *Seguridad y Salud Ocupacionales* de 1970 (OSH Act) fue promulgada para prevenir la muerte, lesiones o enfermedades de trabajadores en sus sitios de trabajo. La ley requiere que los empleadores provean condiciones de trabajo libres de peligros. La ley (OSH Act) creó la Administración de Seguridad y Salud Ocupacional (OSHA) que establece y hace cumplir las normas que protegen la seguridad y la salud en los lugares de trabajo. La OSHA también proporciona información, entrenamiento y ayuda a trabajadores y empleadores. Trabajadores pueden hacer una queja para que la OSHA inspeccione su sitio de trabajo si creen que su empleador no está cumpliendo con los estándares de la OSHA o si hay riesgos serios.

Póngase en contacto con nosotros si tiene preguntas o para hacer una queja. Mantendremos su información confidencial. Estamos aquí para ayudarlo. Llame al número gratis al 1-800-321-OSHA (6742) o visite www.osha.gov/spanish.

Administración de Seguridad y Salud Ocupacional

Departamento de Trabajo de los EE. UU.

1-800-321-OSHA (6742) TTY 1-877-889-56:
www.osha.gov/spanish

OSHA 3419-01R 2016

Actividad: Maneras de reportar peligros en el sitio de trabajo

Instrucciones

Revise la tabla *Maneras de reportar peligros en el sitio de trabajo* y determine cuál sería la mejor manera de reportar el peligro que se explica en el siguiente escenario. Las respuestas a las preguntas que aparecen más abajo le proporcionarán la información necesaria para tomar esta determinación. ¿Necesita información adicional?

Escenario

Desde hace 3 años usted ha estado trabajando para la empresa constructora ABC, Inc., localizada en 1000 Sweet Road, Anytown, USA, 40001. ABC se dedica a hacer trabajos comerciales de plomería, calefacción y aire acondicionado. Usted, junto con otros 7 compañeros de trabajo, han estado instalando ductos de lámina en el nivel más bajo del Anytown Shopping Mall, que está en renovación desde hace varias semanas. El sitio está localizado en el cuadrante noroeste, en el sótano de la tienda, localizada en 555 Times Drive, in Anytown. En la misma área, uno de sus compañeros de trabajo ha estado operando una sierra cortadora de concreto, de 65 caballos de fuerza, que usa propano como combustible. Usted y varios de sus compañeros sufren de dolores de cabeza debido al humo que despide la sierra cuando es operada y ya reportaron este problema al supervisor. El supervisor respondió que nada puede hacer porque el sitio de trabajo es controlado por el contratista general, CAB Management, y el trabajo debe terminarse en un mes. Usted investigó por su cuenta y encontró que la exposición al propano en una área confinada sin ventilación puede causar dolores de cabeza, mareos, dificultad para respirar y desmayos. En su área de trabajo no hay ventilación ni monitorización del aire. Después de platicar con sus compañeros de trabajo acerca de este problema, usted decide reportarlo. ¿Cuál sería la mejor manera de reportar este problema?

Preguntas

- ¿Se ha lesionado o enfermado alguien debido a este problema?
- ¿Cuántos trabajadores hay en el sitio y cuántos están expuestos al peligro?
- ¿Cómo y dónde se exponen los trabajadores? ¿En cuáles turnos existe el peligro?
- ¿Qué tipo de trabajo se hace en el área insegura o insalubre?
- ¿Qué tipo de equipo se usa? ¿Está en buenas condiciones?
- ¿Qué materiales o sustancias químicas se usan?
- ¿Se ha informado o capacitado a los trabajadores acerca de estos peligros?
- ¿Qué procesos u operaciones se realizan? ¿Qué tipo de trabajo se hace en las cercanías?
- ¿Qué tan seguido y durante cuánto tiempo trabajan los empleados en la tarea que los expone al peligro?
- ¿Desde cuándo existe este problema (hasta donde usted sepa)
- ¿Se ha hecho algún intento de corregir este problema? ¿Han habido incidentes en los que poco faltó para que ocurriera algo grave?

Derechos de los trabajadores según la OSHA

Across

4. Quedar libre de _____ al ejercer sus derechos a la seguridad y la salud

6. Un sitio de trabajo seguro y _____

7. Participar en una _____ de la OSHA

8. Conocer acerca de condiciones _____

Down

1. Presentar una queja o solicitar al empleador la _____ de un peligro

2. Recibir la _____ que se indica en las regulaciones de la OSHA

3. Información acerca de _____ y enfermedades en el sitio de trabajo

5. Registros médicos y de _____ a peligros

9. Presentar una queja ante la _____

Equipo de protección personal y salvavidas

Hoja de Datos OSHA®

Equipo de Protección Personal

El equipo de protección personal (PPE – Personal Protection Equipment) está diseñado para proteger a los empleados en el lugar de trabajo de lesiones o enfermedades serias que puedan resultar del contacto con peligros químicos, radiológicos, físicos, eléctricos, mecánicos u otros. Además de caretas, gafas de seguridad, cascos y zapatos de seguridad, el equipo de protección personal incluye una variedad de dispositivos y ropa tales como gafas protectoras, overoles, guantes, chalecos, tapones para oídos y equipo respiratorio.

Responsabilidades del Empleador

Las normas principales del equipo de protección personal de OSHA se encuentran en Title 29 of the Code of Federal Regulations (CFR) (Título 29 del Código de Reglamentos Federales), Parte 1910, sub-párrafo 1, y en reglamentos equivalentes en los estados que cuentan con planes estatales aprobados por OSHA. No obstante, puede encontrar los requisitos dl equipo de protección personal en otros textos como en las Normas de la Industria General. Por ejemplo, 29 CFR 1910.156, la Norma de Brigadas de bomberos, establece requisitos para el equipo de bomberos. Además, 29 CFR 1926.95 cubre la industria de la construcción. Los requisitos generales dl equipo de protección personal de OSHA exigen que los empleadores lleven a cabo una evaluación de los riesgos en sus lugares de trabajo para identificar los riesgos que existen y que requieren el uso del equipo de protección personal, para que brinden el equipo de protección personal adecuado a los trabajadores y que exijan que estos mismos hagan uso del equipo además de mantenerlo en condiciones sanitarias y fiables.

El uso del equipo de protección personal suele ser esencial, pero es generalmente la última alternativa luego de los controles de ingeniería, de las prácticas laborales y de los controles administrativos. Los controles de ingeniería implican la modificación física de una máquina o del ambiente de trabajo. Los controles administrativos implican modificar cómo y cuando los trabajadores realizan sus tareas, tales cómo los horarios de trabajo y la rotación de trabajadores con el fin de reducir la exposición. Las prácticas laborales implican la capacitación de los trabajadores en la forma de realizar tareas quereducen los peligros de exposición en el lugar de trabajo.

Como empleador, usted debe evaluar su lugar de trabajo con el fin de determinar si existen riesgos que requieran el uso del equipo de protección personal. Si existen estos riesgos, usted debe seleccionar el equipo de protección personal y exigir que lo utilicen sus trabajadores, comunicar sus selecciones del equipo de protección personal a sus trabajadores y seleccionar el equipo de protección personal que se ajuste a la talla de sus trabajadores.

Debe también capacitar a los empleados que tienen que hacer uso del equipo de protección personal para que sepan como hacer lo siguiente:
- Usar adecuadamente el equipo de protección personal.
- Saber cuándo es necesario el equipo de protección personal.
- Conocer qué tipo del equipo de protección personal es necesario.
- Conocer las limitaciones del equipo de protección personal para proteger de lesiones a los empleados.
- Ponerse, ajustarse, usar y quitarse el equipo de protección personal.
- Mantener el equipo de protección personal en buen estado.

Protección de Lesiones Cerebrales

Los cascos pueden proteger a sus empleados de impactos al cráneo, de heridas profundas y de choques eléctricos como los que causan los objetos que se caen o flotan en el aire, los objetos fijos o el contacto con conductores de electricidad. Asimismo, el reglamento de OSHA requiere que los empleadores se cercioren de que los trabajadores cubren y protegen el cabello largo con el fin de evitar que se agarre en piezas de maquinaria como las correas y las cadenas.

Protección de Lesiones en los Pies y los Piernas

Además del equipo de protección de pies y del zapato de seguridad, las polainas (de cuero, de rayón aluminizado u otro material adecuado, por ejemplo) pueden ayudar a evitar lesiones y proteger a los trabajadores de objetos que se caen o que ruedan, de objetos afilados, de superficies mojadas o resbalosas, de metales fundidos, de superficies calientes y de peligros eléctricos.

Protección de Lesiones a los Ojos y a la Cara

Además de las gafas de seguridad y las gafas protectoras de goma, el equipo de protección personal tales como los cascos o protectores especiales, las gafas con Departamento de Trabajo de los EE.UU. Administración de Seguridad y Salud Ocupacional 2002 protectores laterales y las caretas pueden ayudar a proteger a los trabajadores de ser impactados por fragmentos, las astillas de gran tamaño, las chispas calientes, la radiación óptica, las salpicaduras de metales fundidos, así como los objetos, las partículas, la arena, la suciedad, los vapores, el polvo y los resplandores.

Protección de Pérdida Auditiva
Utilizar tapones para oídos u orejeras puede ayudar a proteger los oídos. La exposición a altos niveles de ruido puede causar pérdidas o discapacidades auditivas irreversibles así como estrés físico o psicológico. Los tapones para oídos de material alveolar, de algodón encerado o de lana de fibra de vidrio son fáciles de ajustar correctamente. Tapones de oídos moldeados o preformados deben ser adecuados a los trabajadores que van a utilizarlos por un profesional. Limpie los tapones con regularidad y reemplace los que no pueda limpiar.

Protección de Lesiones de los Manos
Los trabajadores expuestos a sustancias nocivas mediante absorción por la piel, a laceraciones o cortes profundos, abrasiones serias, quemaduras químicas, quemaduras térmicas y extremos de temperatura nocivos deben proteger sus manos.

Protección De Lesiones a Todo el Cuerpo
En ciertos casos los trabajadores deben proteger la mayor parte de, o todo, su cuerpo contra los peligros en el lugar de trabajo, como en el caso de exposición al calor y a la radiación así como contra metales calientes, líquidos hirvientes, líquidos orgánicos, materiales o desechos peligrosos, entre otros peligros. Además de los materiales de algodón y de lana que retardan el fuego, materiales utilizados en el equipo de protección personal de cuerpo entero incluyen el hule, el cuero, los sintéticos y el plástico.

Cuándo Usar la Protección Respiratoria
Cuando los controles de ingeniería no son factibles, los trabajadores deben utilizar equipo respiratorio para protegerse contra los efectos nocivos a la salud causados al respirar aire contaminado por polvos, brumas, vapores, gases, humos, salpicaduras o emanaciones perjudiciales. Generalmente, el equipo respiratorio tapa la nariz y la boca, o la cara o cabeza entera y ayuda a evitar lesiones o enfermedades. No obstante, un ajuste adecuado es esencial para que sea eficaz el equipo respiratorio. Todo empleado al que se le requiera hacer uso de equipos respiratorios debe primero someterse a un examen médico.

Información Adicional
Puede encontrar más información sobre el equipo de protección personal, incluyendo el texto completo de las normas de OSHA, en el Website de OSHA www.osha.gov. Además, Publicaciones que explican en mayor detalle el tema de PPE pueden obtenerse a través de OSHA. Personal Protective Equipment— OSHA 3077 (Equipo de Protección Personal) Se hallan disponibles en el Website de OSHA. Para más información sobre el equipo de protección personal en la industria de la construcción, visíte www.osha-slc.gov/SLTC/constructionppe/index.html.

Para Ponerse en Contacto de OSHA
Para presentar una queja por teléfono, comunicar una emergencia u obtener consejos, ayuda o productos de OSHA, contacte a su oficina de OSHA más cercana listada bajo "U.S. Department of Labor" en su guía telefónica o llame libre de cargos marcando el (800) 321-OSHA (6742). El número de teleprinter (TTY) es (877) 889-5627. Para presentar una queja en línea u obtener más información sobre los programas federales y estatales de OSHA, visite el Website de OSHA www.osha.gov.

Esta es una hoja de una serie de hojas informativas de datos enfocada en los programas, políticas o normas de OSHA. No impone ningún nuevo requisito de cumplimiento. Para una lista abarcadora de requisitos de cumplimiento de las normas o reglamentos de OSHA, refiérase al Título 29 del Código de Reglamentos Federales. Esta información estará a disponibilidad de las personas sensorialmente incapacitadas, a solicitud. El teléfono de voz es (202) 693-1999; el número del teléfono de texto (TTY) es (877) 889-5627.

Para información más completa:

Departamento del Trabajo de Estados Unidos
www.osha.gov
(800) 321-OSHA

DOC 7/2010

OSHA 10 horas para la construcción

Preguntas de repaso sobre Equipo de protección personal

Nombre: _____ Fecha: _____

Instrucciones: marque la respuesta que considere correcta.

1. ¿Quién es responsable de proporcionar el EPP?

    a) El empleador   b) El trabajador

    c) La OSHA   d) La oficina de Workers' Compensation

2. Entre las causas más comunes de lesiones en los pies están: aplastamiento, penetración, metal fundido, químicos, superficies resbaladizas y objetos filosos.

    a) Verdadero   b) Falso

3. Para controlar peligros debe seguirse el siguiente orden de prioridad.

    a) Substitución, EPP, evitar el peligro y controles administrativos

    b) Evitar el peligro, suspender el trabajo, EPP y controles de ingeniería

    c) Suspender el trabajo, EPP, controles de ingeniería y substitución

    d) Substitución, controles de ingeniería, controles administrativos y EPP

4. ¿Cuál tipo de casco proporciona la mejor protección contra el peligro de la electricidad?

    a) Clase A   b) Clase C   c) Clase E   d) Clase G

5. La protección auditiva se necesita cuando el ruido alcanza ¿cuántos decibelios?

    a) 80   b) 90   c) 100   d) 110

6. ¿Quién es responsable de proporcionar calzado especializado para el trabajo?

    a) El empleador   b) El trabajador

    c) La OSHA   d) La compañía de seguros

7. ¿Qué es considerado como una protección aprobada para los ojos?

    a) Lentes para sol   b) Lentes de prescripción

    c) Lentes para lectura   d) Lentes que cumplan con el estándar ANSI Z87

8. ¿Cuál de los siguientes no es EPP?

    a) Guantes de hule   b) Lentes ANSI Z87   c) Calzado deportivo   d) Orejeras

Focus 4: Caída

RESUMEN

Sistemas de barandales de seguridad y redes de seguridad

Los sistemas de barandales y redes de seguridad son dos maneras de proteger a los trabajadores contra las caídas en su trabajo. Si los obreros se encuentran a más de 6 pies por encima de la superficie más baja, el patrón debe utilizar algún tipo de protección para las caídas.

Si el patrón usa barandales de seguridad, debe asegurarse de lo siguiente:

- Que los barandales de hasta arriba sean de por lo menos ¼ de pulgadas de ancho para evitar cortaduras y laceraciones, y que deban estar entre 39 y 45 pulgadas a partir la superficie en la que se trabaja.

- Que si se usa un cordón de seguridad de alambre, debe tener señales a por lo menos cada seis pies con materiales altamente visibles.

- Que los barandales intermedios, las pantallas o la malla estén instalados cuando no haya ninguna pared a por lo menos 21 pulgadas de alto. Las pantallas y las mallas deben extenderse desde el barandal superior hasta el nivel en el que se trabaja.

- Que no haya espacios abiertos de más de 19 pulgadas de separación.

- Que el barandal superior pueda aguantar por lo menos 200 lbs. de fuerza; el intermedio puede aguantar 150 lbs. de fuerza.

- Que el sistema esté lo suficientemente liso para proteger a los trabajadores de cortaduras y de que su ropa sea agarrada o atorada por el barandal.

- Que si los barandales de protección están siendo usados alrededor de hoyos y puntos de acceso como una escalera de paso, debe usarse una salida para evitar que alguien se caiga a través del hoyo o ser tan resistentes que una persona no pueda caminar directamente hacia el hoyo.

Si un patrón usa redes de seguridad, debe asegurarse de lo siguiente:

- Que las redes estén lo más cerca posible de la superficie en la que se trabaja, pero nunca a más de 30 pies por abajo.

- Debe inspeccionar la red de seguridad cada semana para buscar si hay daños.

- Que cada red tenga un cordón en los bordes con una fuerza mínima de 5000 lbs.

- Que la red de seguridad se extienda hacia afuera a una distancia suficiente, dependiendo de qué tan lejos está de la superficie en la que se trabaja (la OSHA tiene una fórmula que debe seguirse).

- Que la red de seguridad pueda absorber la fuerza de una bolsa de arena de 400 libras al ser arrojada hacia la red (en la "prueba de caída").

- Que los objetos en la red que podrían ser peligrosos se quiten de ahí lo más pronto posible.

Sistemas personales para detener las caídas

Los sistemas personales para detener las caídas son una manera de proteger a los trabajadores de caerse. En general, los trabajadores deben tener una protección contra las caídas siempre que haya la posibilidad de que se caigan 6 pies o más cuando están trabajando.

La Administración de Salud y Seguridad Ocupacionales (OSHA) les **exige** a los trabajadores ponerse un arnés de cuerpo completo (que es una parte del *sistema personal para detener las caídas*) cuando están trabajando en un *andamio colgante* a más de *10 pies* por encima de la superficie de trabajo, o bien, cuando están trabajando en un *camión con canasto colgante o con un elevador aéreo*. Los patrones también pueden elegir el uso de un sistema personal para detener caídas, en lugar de un barandal de seguridad, cuando los trabajadores estén trabajando en un *andamio fijo* a más de 10 pies por encima de la superficie de trabajo.

Existen **tres** componentes principales de un sistema personal para parar las caídas:

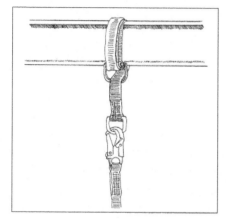

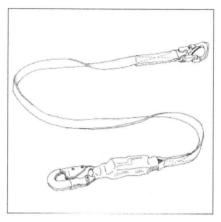

- El ancla y el conector del ancla.
- El dispositivo de conexión, que es una cuerda de seguridad, o una línea salvavidas retractable, con unos ganchos con broche.
- El arnés de cuerpo completo.

Antes de comenzar a trabajar utilizando su sistema personal para detener las caídas, usted debe estar seguro de que **todas** las partes de su sistema están funcionando bien. Complete el ejercicio a continuación para entender mejor los pasos que necesita dar para protegerse de una caída peligrosa.

Prevención de caídas de las escaleras; seguridad en la construcción

¿Porqué ocurren las caídas en la construcción?

Información básica acerca de las caídas en la construcción:

* Cuatro trabajadores de la construcción mueren cada día en el trabajo.

* Las caídas son la causa más comun de lesiones mortales de los trabajadores de la construcción.

* Las consecuencias de una caída afectan no solo al trabajador, sino además a su familia y comunidad.

* Las caídas en la construcción pueden prevenirse. Los contratistas y supervisores pueden hacer muchas cosas para organizar el sitio de trabajo de una manera que sea segura para los trabajadores. Pero los trabajadores también pueden hacer algunos cambios simples, no costosos, en la manera en que trabajan para proteger su vida.

* Las escaleras son el equipo más comun en los sitios de construcción. Pero eso no significa que sean seguras. Todos los días hay trabajadores de la construccción lesionados o muertos debido a caídas desde alguna altura. Una manera de prevenir las caídas en su sitio de trabajo es usando las escaleras de una forma más segura.

Ponga el ejemplo en su trabajo

Sus compañeros de trabajo pueden aprender mucho de usted. Al principio, usted podría ser el único preocupado por la seguridad en su sitio de trabajo. Pero, con el tiempo, otros trabajadores observarán que el supervisor le da el tiempo necesario para estar seguro. Ellos verán que la suma de muchas pequeñas cosas resulta en grandes efectos en la seguridad. Y verán que también ellos pueden ayudar a hacer de su sitio de trabajo un lugar más seguro.

Entonces, ponga el ejemplo. Que no le preocupe ser el primero; ellos se lo agradecerán después.

¿Cómo se puede prevenir la caída desde una escalera?

Existen muchas maneras de prevenir la caída desde una escalera; aquí hay tres sugerencias para empezar:

1. Elija la escalera adecuada para el trabajo.

2. Cuando sea necesario, amarre los extremos de arriba y de abajo de la escalera a puntos fijos.

3. No lleve herramientas ni materiales en la mano al subir o bajar de una escalera.

1. Elija la escalera adecuada para el trabajo

* Primero necesita asegurarse de que la escalera sea el mejor equipo para lo que necesita hacer. ¿Será mejor usar un andamio o un elevador mecánico?

* Muchas veces la escalera es el único soporte físico que tiene cuando está trabajando. Si fallara, usted podría caer. Por eso es muy importante encontrar la escalera correcta cuando necesita una. Hay tres tipos principales de escalera: escaleras de tijera, escaleras rectas y escaleras de extensión, que se usan en diferentes situaciones para diferentes tareas.

* Antes de usar una escalera, hágase dos preguntas:

¿Es suficientemente larga? Debe ser lo suficientemente larga como para poder colocarla en un ángulo estable y que el extremo de arriba se extienda para que el trabajador tenga algo de que agarrarse al descender de la escalera. Colocar la escalera en el ángulo correcto le ayuda a mantener el equilibrio mientras esté sobre ella y a que la escalera no caiga hacia atrás.

* Asegurar que la escalera se extienda 3 pies (3 escalones) por encima de la superficie sobre la que estará trabajando.

* Asegurar que la escalera esté reclinada a un ángulo estable. Por cada 4 pies de altura de la escalera, la base deberá retirarse de la pared 1 pie.

* Por ejemplo, si trabajará en un techo a 10 pies de altura, necesitará una escalera de al menos 14 pies de longitud. La base deberá estar a 2.5 pies de la pared.

¿Está en buenas condiciones de trabajo? No le deben faltar partes ni estar agrietadas o dañadas. Revisar el *duty rating* en la escalera de extensión. ¿Es lo suficientemente fuerte como para soportar la carga que se le aplicará? Las escaleras más largas no simpre son de un *duty rating* mayor, por eso se deben revisar. Los *duty rating* más comunes en la construcción son los siguientes:

* Heavy duty (I), soporta hasta 250 libras.

* Extra heavy duty (IA), soporta hasta 300 libras.

* Special duty (IAA), soporta hasta 375 libras.

2. Amarre los extremos de arriba y de abajo de la escalera a puntos fijos cuando sea necesario: si no se extiende 3 pies arriba del área de descenso, está en una superficie resbalosa o podría ser desplazada por otras actividades de trabajo o por el tráfico.

* Amarre ambos lados del extremo superior de la escalera a un punto fijo en el techo o a otra superficie alta cercana a la superficie donde trabajará. La parte inferior deberá amarrarse a un punto fijo en el suelo. Asegurar la escalera de esta manera previene que la escalera resbale hacia los lados, que caiga hacia atrás o que la base resbale.

* Amarrar la escalera al comienzo del día y desamarrarla al final le tomará aproximadamente 5 minutos. Eso puede ser toda la dferencia en su seguridad. Si necesita mover la escalera hacia otro lugar, reserve el tiempo extra para dar este importante paso, o considere el uso de algo dferente, como por ejemplo un andamio.

3. No lleve herramientas ni materiales en la mano al subir o bajar de una escalera.

* Sea precavido cuando suba o baje una escalera. En lugar de llevar herramientas, paneles u otros materiales en las manos, use un cinturón para herramientas, instale un sistema de cuerda y polea o ate los materiales y jálelos una vez que haya llegado a la superficie de trabajo. Solicite ayuda si fuera necesaria.

* Llevar herramientas o cualquier otra cosa en las manos mientras sube la escalera puede hacerlo perder el balance. Use siempre al menos una mano para agarrarse firmemente al subir o bajar una escalera.

RESUMEN

El trabajo en andamios puede ser peligroso. Conozca las medidas básicas de seguridad en andamios.

Hay miles de lesiones relacionadas con andamios –y cerca de 40 muertes relacionadas con andamios–, cada año, en Estados Unidos. Si usted está trabajando en andamios, sepa cómo trabajar a salvo en ellos: ¡eso podría salvarle la vida!

Hay algunas reglas sobre andamios que deben seguirse si usted quiere trabajar a salvo:

1. Debe haber disponible *una persona competente* para dirigir a los trabajadores que están construyendo andamios o trasladándolos de un sitio a otro; esta persona debe también entrenar a los empleados, e **inspeccionar** el andamio y sus componentes **antes de cada turno de trabajo, y después de cada acontecimiento que podría afectar la integridad estructural del andamio.**

   La persona competente debe tener la capacidad de identificar condiciones de inseguridad y debe estar autorizada por el patrón para tomar acción para corregir condiciones de inseguridad de modo que ponga el lugar de trabajo a salvo. Y usted necesita una *persona calificada*, alguien que tiene un conocimiento muy específico o una capacitación para efectivamente diseñar el andamio y cómo aparejarlo.

2. Todo andamio *fijo* y sus componentes **deben aguantar sin fallo alguno su propio peso y por lo menos cuatro veces la carga que se pretende poner.** La carga que se pretende poner es la suma de los pesos de todo el personal, las herramientas y los materiales que usted va a poner en el andamio. No cargue el andamio con más peso del que éste puede manejar a salvo.

3. En andamios *fijos*, las plataformas y cubiertas de trabajo deben tener tablones cerca de los barandales de seguridad. Los tablones deben ir montados unos sobre otros en un apoyo de por lo menos 6 pulgadas pero no más de 12 pulgadas.

4. La inspección de andamios *fijos* debe incluir:

   - Revisar que los componentes metálicos no tengan curvas, ni cuarteaduras, ni hoyos, ni óxido, ni salpicaduras de soldado, ni picaduras, ni soldaduras rotas ni partes que no son compatibles.

   - Cubrir y asegurar las aperturas del piso y poner etiquetas en las coberturas de partes abiertas en el piso.

5. Cada cordón de un andamio *colgante* debe aguantar el peso del andamio y por lo menos *seis veces* el de la carga que se pretende poner.

6. Las **plataformas** de los andamios deben ser de por lo menos **18 pulgadas de ancho (hay algunas excepciones,** y los barandales de seguridad y/o los sistemas personales para detener caídas deben usarse para protección contra caídas en cualquier momento cuando usted esté trabajando a 10 pies o más por encima del nivel del suelo). **Los barandales de seguridad** deben estar a una altura de entre 39 y 45 pulgadas, y los **barandales intermedios** deben ser instalados aproximadamente a mitad del camino entre el barandal de hasta arriba y la superficie de la plataforma.

7. El reglamento normativo de la OSHA exige que un trabajador tenga **protección contra caídas cuando esté trabajando en un andamio de 10 o más pies por encima del suelo.**

    - La OSHA **exige** el uso de un **barandal de seguridad o de un sistema personal para detener caídas** cuando se está trabajando *en un andamio fijo.*

    - La OSHA **exige un barandal de seguridad JUNTO CON un sistema personal para detener caídas** cuando se está trabajando en *un andamio colgante de un solo punto o de dos puntos.*

    - La OSHA **exige** un *sistema personal para detener caídas* cuando se trabaja en una canasta.

8. Su línea salvavidas debe estar amarrada por atrás a una **ancla estructural** capaz de aguantar **5000 lbs.** de peso en seco **por persona** amarrada a ella. Si se sujeta su línea salvavidas a un barandal de seguridad, a un tubo parado o a otros sistemas de tubería, eso no cumple con el requisito de las 5000 lbs. y no es una medida segura.

9. Use cascos duros y asegúrese de tener tablones de pie para seguridad, pantallas y redes de escombros situados en su lugar **para proteger a otras personas de las caídas de objetos.**

10. **Los contrapesos** para los *andamios colgantes* deben poder resistir por lo menos **cuatro veces** *el momento de inclinación,* y deben estar hechos de materiales que no se puedan dislocar fácilmente (no arena, ni agua, ni rollos o materiales para techar, etc.)

    (El término "momento de inclinación" se refiere a la cantidad *de pies-libras en donde el peso multiplicado por la distancia del contrapeso* equivale o equilibra *el peso multiplicado por la distancia del andamio cargado.* Por tanto, *multiplicar por 4 el peso calculado del contrapeso* le garantizará que el andamio pueda resistir por lo menos "cuatro veces el momento de inclinación". Esto sería calculado por la *persona calificada* que diseñe el andamio.)

11. Su patrón debe brindarle un acceso seguro al andamio cuando una plataforma esté a más de dos pies (1) por encima o por abajo del punto de acceso, o cuando usted necesite cruzar más de 14 pulgadas para llegar a la plataforma. ¡No está permitido trepar en abrazaderas! Las escaleras de mano, las torres de escaleras, las rampas y los pasadizos son algunas formas como se proporciona un acceso seguro.

12. Todos los trabajadores deben tener **entrenamiento** en lo siguiente:

    1. Cómo usar el andamio y entender cómo reconocer los peligros asociados con el tipo de andamio en el que están trabajando.

    2. Entender la máxima carga que se pretende poner y la capacidad.

    3. Reconocer defectos y reportarlos.

    4. Peligros de caerse, peligros de que se caigan objetos y cualquier otro peligro que pueda ser encontrado, incluyendo peligros eléctricos (como líneas eléctricas que pasan por arriba de la cabeza.

    5. Tener colocados en su lugar los sistemas adecuados de protección contra caídas.

NOTA: Sólo fueron seleccionados para este curso de capacitación algunos andamios. Puede haber peligros adicionales asociados con otros andamios que no serán cubiertos por su curso de capacitación.

EJERCICIO #2

LA SEGURIDAD EN LAS ESCALERAS PORTÁTILES:
¿Qué está mal en esta imagen?

Lea el siguiente caso, pídales a los participantes que actúen los personajes de Mike, Joe y el jefe. Luego de leer la historia, los participantes deben identificar todas las cosas que hicieron **mal** los trabajadores al manejar escaleras portátiles, y hable sobre la forma CORRECTA de trabajar a salvo con una escalera portátil.

Personajes: Mike y Joe = los trabajadores.
El sr. Smith = el jefe.

INTRODUCCIÓN:

Joe y Mike están emocionados, pues acaban de recibir la llamada para trabajar en la nueva construcción residencial del área. No tienen mucha experiencia, pero la paga es buena, y quieren usar este trabajo como un punto de arranque para conseguir empleos más grandes y mejores.

Es el primer día en el trabajo.

ESCENA UNO: La oficina del jefe.

Sr. Smith: Entonces ustedes saben cómo trabajar en escaleras de mano, ¿verdad, muchachos?

Joe: Bueno, yo no he tenido mucha experiencia, entonces si nos pudiera usted nada más dar lo básico...

Sr. Smith: Bueno, yo tengo que hacer esta entrega y pensé que me habían dicho ustedes que tenían muchísima experiencia... ¿cuál fue su último trabajo? Es que yo tengo un límite de fecha con este proyecto, y...

Mike: No se preocupe, don Smith. Yo le voy a explicar todo a él. Yo en mi trabajo anterior usé muchísimo las escaleras.

Sr. Smith: Bueno. Lo primero que tienen que hacer es pintar el decorado de la cornisa arriba del edificio, y luego ir adentro y terminar la pintura del vestíbulo. Hay aquí afuera un par de escaleras rectas de extensión, y un par de escaleras de tijera aquí adentro. Uno de ustedes tiene que trabajar afuera, y el otro empezar adentro. ¿Están seguros de que saben qué hacer? Les pedí que me mandaran tipos con experiencia, no unos principiantes...

Mike: Estamos bien, don Smith. Le hablamos si tenemos cualquier pregunta.

"Nosotros podemos encargarnos de eso."

ESCENA DOS: Mike y Joe están afuera preparando.

Mike: Mira, Joe, tú trabajas aquí afuera y yo voy a hacer lo de adentro, ¿sí?

Joe: Seguro, pero, ¿me puedes ayudar a instalar aquí? ¿Está bien puesta esta escalera de extensión, o cómo la pongo?

Mike: Bueno, primero tienes que inspeccionarla. Por supuesto que la escalera tiene que ser lo suficientemente larga para que alcance hasta arriba, y tiene que poder aguantarte. Así que revisa la información en la escalera. Dice que es del Tipo I... No estoy seguro qué quiere decir eso, pero creo que tiene algo que ver con tu peso. ¿Cuánto pesas?

Joe: Como 260 libras; es que he estado comiendo como un oso últimamente. Tengo que volver al gimnasio.

(Todas las escaleras deben tener sus índices de capacidad, que establecen qué tan alto se puede colocar la escalera y cuánto peso aguantan. Tipo III: 200 lbs. Tipo II: 225 lbs. Tipo I: 250 lbs. Tipo IA: 300 lbs. Tipo IAA: 375 lbs.* Por lo tanto, el Tipo I no aguantará lo suficiente el peso de Joe. Además, acuérdese de añadir el peso de las herramientas y materiales que carga Joe).

Mike: Bueno, eso debe ser suficiente. ¿Y qué tan larga es la escalera, y cuál es la altura hasta la azotea?

Joe: Dice que es una escalera de 24 pies, y el edificio es como de 20 pies de alto.

Trabajo inseguro: *¿Qué está mal con esta fotografía? (Mire las flechas.)*

*(Una escalera de mano debe extenderse por lo menos 3 pies más arriba de la parte superior de la superficie a la que usted se va a subir. Esta escalera es demasiado corta para eso. La razón por la que es demasiado corta es porque una escalera "de 24 pies" es, de hecho **dos escaleras de 12 pies**. Como estas escaleras deben ponerse una encima de otra por al menos tres pies (3) en una escalera de extensión, pues entonces la longitud máxima efectiva de una escalera "de 24 pies" es sólo de 21 pies. Esta longitud efectiva (21 pies) no permitirá que la escalera se extienda por encima de la azotea los tres pies (3) obligatorios. Por tanto, usted necesitaría una escalera "de 28 pies", con una longitud máxima efectiva de **25 pies**, si el edificio es de 20 pies de alto.)*

Mike: Bueno, eso debe funcionar. Nada más ten cuidado si te trepas en la azotea.

Joe: ¿Se supone que tengo que revisar la escalera antes de usarla?

Mike: Sí, pero ésta la veo bien.

(Siempre se necesita hacer la inspección.)

Joe: Bueno las plantillas antiderrapantes están despedazadas, y a uno de los pies le falta una plantilla, ¿no hace eso que quede dispareja la escalera?

(Las escaleras de mano necesitan tener en sus pies plantillas antiderrapantes, y todas las partes de la escalera deben estar en buen estado.)

Mike: Nada más pégale esta cinta adhesiva alrededor para emparejarla con el otro pie. No quiero estar pregunte y pregunte en nuestro primer día, ¿sabes?

Joe: Oye, este cerrojo se ve medio aflojado, y el cordón de la polea levantadora está medio deshilachado. Me pregunto cómo habrá pasado eso... y los escalones se sienten como si tuvieran algo resbaladizo...

(No debe haber cerrojos flojos ni cordones deshilachados de poleas. Si una escalera está defectuosa en cualquier modo, necesita ser puesta fuera de servicio con un letrero que diga: "No usarla").

Mike: Bueno, nada más trapéala. Oye, necesitamos empezar ya...

Joe: Bueno, bueno, pues empecemos, pues. ¿Dónde comienzo?

Mike: Empieza por la puerta de entrada. Es temprano, entonces no va a haber mucha gente entrando y saliendo. Si ves a alguien, nada más grita. Y ya hay viento desde ahora, y se supone que se va a poner peor después, así que ten cuidado.

(Nunca ponerse en una parte donde haya tráfico, ya sea de gente o vehicular. Y no trabajar en una escalera de mano cuando hay viento.)

Joe: Bueno. El suelo está bastante disparejo aquí con todas estas rocas. ¿Y tengo que preocuparme por estos cables eléctricos? Parece como que están bastante cerca de la escalera.

(El suelo bajo la escalera debe estar parejo. Debe colocar la escalera por lo menos a 10 pies de distancia de cualquier línea eléctrica.)

Mike: ¡Caray, haces muchas preguntas, hombre! Vamos a terminar de poner eso. Bueno, tu necesitas instalar esto con el ángulo correcto para asegurarte de que no te caigas. Yo me acuerdo de que el radio es de un pie de longitud de la pared por cada... cada 5 pies de altura, creo. El edificio es de 20 pies de alto, así que pon la escalera a 4 pies de la pared.

(El radio es un pie de la pared por cada 4 pies de altura. Por lo tanto, aquí, la escalera debería estar a 5 pies de la pared, no a 4.)

Joe: Eso se ve como muy empinado, ¿no?

Mike: No, así está bien. Y acuérdate: si hacemos bien este trabajo, luego nos dan otro con esta compañía, así que tenemos que apurarnos. Yo voy a estar adentro, así que no te la pases llamándome para ayudarte. Sube la pintura contigo: trata de llevarte arriba un par de latas la primera vez para ahorrar tiempo.

(No cargue demasiado peso: use una polea levantadora cuando se necesite. Use siempre contacto de tres puntos.)

Joe: ¿Debería yo tratar de amarrar la escalera a algo para que no se mueva?

Mike: No te preocupes de que se mueva hasta arriba, nada más usa este cordón para amarrarla a este puesto de bicicleta.

(La escalera de mano debe estar amarrada en las partes de arriba y de abajo, a nivel del piso, amarrada a algo macizo, como una estaca enterrada en el piso.)

Joe: ¿Y quién dejó todas estas latas y plantas alrededor? ¡Alguien se va a tropezar con todo esto!

(Las áreas de trabajo deben mantenerse libres de escombros.)

Mike: Sí, sí, no te preocupes por eso. Alguien debe estar planeando usar esto, así que déjalo aquí por ahora. Voy adentro a empezar con el vestíbulo. Voy a tomar una de estas escaleras de tijera. Te veo luego.

Joe: Sí. Nos vemos.

ESCENA TRES: Mike está adentro usando la escalera de tijera.

Sr. Smith: Qué tal, Mike, ¿cómo vas?

Mike: Magnífico, don Smith, éste es un magnífico empleo.

Sr. Smith: Ten cuidado, deberías estar sentado en la escalera y hace rato te vi parado en el último escalón.

(Nunca se siente en una escalera ni se pare en el escalón de hasta arriba: ¡es peligroso!)

Mike: Oh, no se preocupe, don Smith, yo me puedo manejar en una escalera, he estado trabajando con mi padre durante años, haciendo este trabajo.

Sr. Smith: Bueno, pero trata de no inclinarte por ahora. Bájate y acerca más la escalera, ¿sí?

(Nunca se haga a un lado en una escalera; manténgase en el centro. Y nunca "arrastre" la escalera estando usted parado en ella, ¡es peligrosísimo!)

Mike: No hay problema, señor Smith. Soy un buen trabajador y hago el trabajo rápido.

De pronto, oyen a Joe gritando afuera, y escuchan un golpe seco. Salen corriendo para ver qué pasó.

Trabajo inseguro: *Haga una lista de los peligros adentro y afuera del edificio.*

PREGUNTAS

1. ¿Hay algún problema con el trabajo de escalera de Joe y Mike?

2. ¿Cuál puede haber sido la razón de la caída de Joe?

3. ¿Cree usted que Mike está trabajando a salvo? ¿Por qué sí o por qué no?

RESUMEN

Sistemas personales para detener las caídas

Los sistemas personales para detener las caídas son una forma de proteger a los trabajadores en los centros de construcción donde hay zonas de caídas verticales de 6 pies o más. Los sistemas deben ser instalados de manera que un trabajador no se pueda caer más de 6 pies ni llegar a tocar ningún otro nivel más bajo.

1. Un sistema personal para detener las caídas está compuesto de un **anclaje, un dispositivo de conexión y un arnés de cuerpo completo**. El dispositivo de conexión puede ser un cordón de seguridad con ganchos con broche, o una línea salvavidas que se autoenrolla (autorretractable). Un cordón de seguridad podría incluir también un dispositivo para desacelerarse. Asegúrese de estar usando componentes de un mismo fabricante, para garantizar que el sistema funcione tal como debe. No es buena idea mezclar y adaptar componentes de diferentes fabricantes.

2. Los cinturones de cuerpo no pueden ser usados como sistemas para parar caídas. Pero sí se permite un cinturón de cuerpo como parte de un *sistema de colocación*. Un sistema de colocación es una forma de prevenir que ocurran caídas. Implica usar equipo para conservar su cuerpo en una posición en la que usted no se puede caer. Para todas las situaciones en las que usted de hecho podría caerse, necesita usar un arnés de cuerpo completo.

3. Su sistema personal para detener caídas debe ser inspeccionado para que no tenga daños cada vez antes de ponérselo. Si hay defectos o si alguien ha caído usando el equipo, debe ser puesto fuera de servicio.

4. El **punto de atado** del arnés del cuerpo debe estar en el centro de la espalda del usuario, cerca de nivel de sus hombros o arriba de su cabeza.

5. **Las líneas salvavidas o cordones de seguridad** deben tener una fuerza mínima de rompimiento de 5000 lbs., y deben estar protegidas contra cortaduras o erosión.

6. Cada empleado debe estar atado a una **línea salvavidas vertical aparte de las otras**. (Hay una excepción especial cuando se están construyendo huecos para elevadores.)

7. El **tejido** del material que se use para las cuerdas y las correas de las líneas de seguridad, de los cordones y de los arneses, debe estar hecho de fibra **sintética**.

8. **El anclaje** del equipo personal de los trabajadores para detener caídas debe ser **independiente de cualquier otro anclaje** utilizado para apoyar o suspender plataformas, y debe ser capaz de aguantar por lo menos 5000 libras por cada trabajador atado a él.

9. **Las conexiones** deben estar hechas de **acero** o de un material equivalente; deben tener un acabado de cubierta anticorrosiva, y sus orillas y bordes no deben ser filosos sino redondeados.

10. **Los anillos "D" y los ganchos con broche** deben tener una fuerza con capacidad de tensión mínima de 5000 lbs.

11. **Los ganchos con broche** deben ser del tipo que además se asegura (por lo general tienen un seguro doble), y estar diseñados para evitar que el broche del gancho se abra y se salga del conector.

12. **Los ganchos con broche no pueden ser** *directamente conectados* a la red o a la cuerda o al cable ni entre sí, ni a un anillo "D" al que se conecta otro gancho de broche u otro conector, ni a una línea salvavidas horizontal, ni a ningún otro objeto que pudiera causar que el broche del gancho se abra.

Reconocimiento de peligros de caída

(Notas)

Is This a Fall Hazard?

Photos in this presentation are from the OSHA Region 4 National Photo Archive and OSHA Region 5.

1

Any Fall Hazard Here?

3

Is This a Fall Hazard?

5

Any Fall Hazard Here?

Is This a Fall Hazard?

Can You Identify the Fall Hazard?

Can You Identify the Fall Hazard?

Is This a Fall Hazard?

Can You Identify the Fall Hazards?

Any Fall Hazard Here?

Is This a Fall Hazard?

Is This a Fall Hazard?

OSHA 10 horas para la construcción

Preguntas de repaso sobre Caídas

Nombre: _____ Fecha: _____

Instrucciones: marque la respuesta que considere correcta.

1. En general ¿a qué altura debe proporcionarse protección contra caídas al trabajador de la construcción cuando trabaja en superficies con lados y bordes desprotegidos?

    a) 3 pies   b) 4 pies   c) 6 pies

2. ¿De qué maneras puede el empleador proteger al trabajador contra las caídas?

    a) Barandales, sistemas de redes de seguridad y cinturones de seguridad

    b) Barandales y redes de seguridad

    c) Barandales, sistemas de redes de seguridad y sistemas personales de detención de caídas

3. ¿A qué altura debe proporcionarse protección contra caídas al trabajador cuando trabaja sobre un andamio?

    a) 4 pies   b) 6 pies   c) 10 pies

4. ¿A qué altura de la superficie de trabajo debe colocarse el larguero superior del barandal usado frecuentemente para proteger al trabajador contra las caídas?

    a) 24 pulgadas (± 3 pulgadas)   b) 42 pulgadas (± 3 pulgadas)

    c) 60 pulgadas (± 3 pulgadas)

5. ¿De qué partes se compone un sistema personal de detención de caídas?

    a) Anclaje y cinturón de seguridad

    b) Anclaje, cuerda de seguridad, conectores y cinturón de seguridad

    c) Anclaje, cuerda de seguridad, conectores y arnés

6. ¿Cuánto debe extenderse la parte superior de una escalera portátil por encima de la superficie a la que quiere subir?

    a) 3 pies   b) 4 pies   c) 5 pies

Focus 4: Electrocución

RESUMEN SOBRE SEGURIDAD EN EL MANEJO DE ELECTRICIDAD

1. Las herramientas eléctricas **operadas con cables y enchufes** con partes de metal al descubierto deben tener un enchufe de tres dientes con conexión a tierra y estar conectadas a tierra, o bien, deben tener **doble aislante**.

2. **La conexión a tierra de un equipo** sólo sirve si ha una conexión eléctrica *permanente y continua* entre el cascarón de metal de la herramienta y la tierra.

3. **Es importante poner la polaridad correcta en el cableado eléctrico:** positivo con positivo, neutral con neutral, equipo haciendo tierra conectado a otro equipo haciendo tierra. Los *enchufes polarizados* tienen una paleta más ancha neutral para mantener la polaridad correcta. **La polaridad revertida puede matar.**

4. **Los circuitos deben estar equipados con fusibles o con interruptores** para proteger contra sobrecargas peligrosas. Los fusibles se derriten y los interruptores de circuito se accionan solos para apagar la corriente. **Los dispositivos de protección de exceso de corriente protegen los cables y los equipos contra sobrecalentamientos e incendios.** Puede que lo protejan a usted, pero también puede que no.

5. **La mayoría de los circuitos de 120 voltios** está instalada para generar 15 o 20 amperios de corriente. Las corrientes de entre **50 y 100 miliamperios** pueden matarlo. (Un miliamperio es una milésima parte de un amperio.)

6. **El agua baja la resistencia de la piel**, lo cual permite que la corriente pase a través de su cuerpo. Las corrientes **por encima de 75 miliamperios** pueden causar **fibrilación ventricular** en el corazón, lo cual puede ser mortal. La gravedad de un golpe de descarga depende de: *el camino* de la corriente, *la cantidad* de corriente, *la duración* de la corriente, el nivel de *voltaje*, la *humedad* y su *estado general de salud*.

7. **Un interruptor de circuito cuando falta conexión a tierra (GFCI)** protege contra una *falla para hacer tierra*, que es el peligro eléctrico más común. Estos interruptores GFCI detectan las diferencias en el flujo de corrientes entre positiva y neutral. Reaccionan en cuanto hay una *filtración de corriente* —como por ejemplo a través de una persona– de aproximadamente **5 miliamperios** y actúan en **1/40 de segundo. Cada vez que use un interruptor GFCI, pruébelo. Debe reaccionar y debe reiniciarse.**

8. **Los cables de extensiones deben tener el suficiente peso** para la cantidad de corriente que transportarán. Para las construcciones, deben tener aprobación UL, no estar tensos y tener un enchufe de 3 dientes que hace tierra; deben ser durables y estar calificados por uso pesado

9. **Las líneas de luz y fuerza por arriba de la cabeza pueden causar la muerte.** Los tres métodos principales de protección son: mantener una *distancia segura, cortar la electricidad y conectar las líneas a tierra*, haciendo que la compañía de luz instale *mangas aislantes*. **Haga que esté presente un representante de la compañía de luz.**

10. **Las líneas de luz y fuerza subterráneas pueden causar la muerte.** Llame antes de excavar para localizar todos los cables enterrados. ¡Excave manualmente a 3 pies del lugar donde está el cable!

ANEXO A
Vocabulario condensado del manejo de electricidad

AMPERIO (ABREVIADO COMO AMP.): Unidad de medida de la corriente eléctrica (en flujo o en electrones).

- *Un miliamperio* equivale a un milésimo de amperio.

CONDUCTORES: Materiales, como metales, por los que puede fluir corriente eléctrica.

Los **PELIGROS ELÉCTRICOS** pueden ocasionar varios efectos en el cuerpo, incluyendo:

- GOLPE DE DESCARGA: Los efectos físicos causados por descarga eléctrica en el cuerpo.
- ELECTROCUTARSE: Golpe de descarga o efectos eléctricos que ocasionan la muerte.
- QUEMADURAS: Ocurren muchas veces en las manos y son un daño térmico al tejido que puede ser causado por el *flujo de corriente* en el cuerpo, o bien por el *sobrecalentamiento de componentes eléctricos* mal puestos o dañados, o bien por una *flama de arco eléctrico*.
- CAÍDAS: Un efecto común, a veces causado por la propia reacción del cuerpo a una corriente eléctrica. Un golpe de descarga que no es mortal a veces ocasiona una caída mortal cuando la persona está trabajando en una superficie elevada.

PARTES POSITIVAS AL DESCUBIERTO: Los componentes eléctricos con energía y que no están apropiadamente encerrados en una caja o aislados de alguna otra manera pueden ocasionar que los trabajadores que los toquen reciban un golpe de descarga o mueran. Algunos de los peligros comunes incluyen: eliminadores que falten, inusuales aperturas en gabinetes, y cubiertas faltantes. Las cubiertas no deben ser removidas de las cajas de cables o de interruptores. Cualquier cubierta que falte debe ser reemplazada con cubiertas aprobadas.

AISLANTES: Materiales con alta resistencia a la electricidad para que la corriente no pueda viajar.

APAGAR Y ETIQUETAR: Es el nombre común de una norma de la OSHA perteneciente al reglamento *Control de energía peligrosa (apagado y etiquetado)*. El **apagado** es un medio para controlar la energía durante las reparaciones y el mantenimiento del equipo, donde las fuentes de energía son *deselectrificadas, aisladas y apagadas* para evitar que el equipo se encienda de manera insegura, lo que podría poner a los trabajadores en peligro. El procedimiento de *apagado* incluye –aunque no exclusivamente– el control de energía eléctrica. El *etiquetado* quiere decir instalar etiquetas de precaución para alertar a otros trabajadores de la presencia de equipo que ha sido apagado. Las etiquetas por sí solas NO APAGAN el equipo. *La forma más efectiva de hacer el etiquetado es cuando se hace además del apagado.*

OHM o Ω: Es la unidad de medida de *resistencia eléctrica* (opuesta al flujo de corriente).

LEY DE OHM: Una expresión matemática de la relación entre voltaje (en voltios), corriente (en amperios) y resistencia (en ohms). Esto se expresa a menudo con la fórmula $E = I \times R$. En este caso, E = voltios, I = amps., y R = ohms. (La ecuación amps.=voltios entre ohms, tal como se usa en este estudio, es una fórmula de la Ley de Ohm).

VOLTIO: La unidad de *fuerza electromotora (emf)* causada por la diferencia entre un punto y otro de carga eléctrica o potencial eléctrico. La presencia de voltaje es necesaria antes de que la corriente pueda fluir en un circuito (en el cual la corriente fluye de una fuente a una carga –esto es, el equipo que está usando la electricidad–, y luego de regreso a su fuente).

CONDICIONES MOJADAS: Lluvia, sudor, estar parado en un charco: todo eso disminuirá la resistencia de la piel a la electricidad y aumentará el flujo de corriente a través del cuerpo en caso de un golpe de descarga eléctrica. **Haga que un electricista calificado inspeccione cualquier equipo eléctrico que se haya mojado antes de cargarle electricidad.**

ANEXO B
Reglas generales para la seguridad en la instalación eléctrica de una construcción

LOS PRINCIPALES MÉTODOS DE PROTECCIÓN CONTRA PELIGROS ELÉCTRICOS

La protección contra peligros eléctricos por lo general incluye los siguientes métodos:

1. **DISTANCIA**: Se aplica comúnmente respecto a líneas de luz y fuerza eléctricas.
2. **AISLAMIENTO Y COBERTURA DE PROTECCIÓN**: Restringir el acceso, comúnmente aplicado en el equipo de distribución de energía de alto voltaje.
3. **ENCERRAR PARTES ELÉCTRICAS**: Un concepto importantísimo del cableado eléctrico en general; por ej.: todas las conexiones se hacen adentro de cajas.
4. **CONEXIÓN A TIERRA**: Obligatoria para todas las partes de metal al descubierto que no cargan corriente, a menos que estén aisladas o con cubierta de protección tal como se indica arriba. (Sin embargo, las herramientas con conexión deben *tener conexión a tierra* O *doble aislamiento*.) [Ver Actividad 1 para más información sobre conexión a tierra.]
5. **AISLAMIENTO**: El aislamiento intacto permite el manejo seguro del equipo eléctrico de uso diario incluyendo herramientas con cable y enchufe. Esta categoría también incluye los tapetes y mangas aisladas.
6. **CORTAR LA ELECTRICIDAD Y CONECTAR A TIERRA**: Método de protección usado por equipos de mantenimiento eléctrico y también en conjunción con el procedimiento de apagado y etiquetado eléctrico.
7. **EQUIPO DE PROTECCIÓN PERSONAL (PPE)**: Usar guantes aislantes y otra ropa para trabajar con equipo electrificado, limitado al personal calificado y entrenado que trabaja bajo circunstancias muy restringidas.

REGLAS GENERALES PARA EL TRABAJO ELÉCTRICO:

- *Es esencial para los electricistas usar equipo personal de protección que no sea conductivo.* ¡NADA DE EQUIPO DE METAL!

    Los cascos duros Clase B brindan el más alto nivel de protección contra peligros eléctricos, con protección contra descargas de alto voltaje y quemaduras (hasta 20 mil voltios). *El calzado de seguridad de punta contra peligros eléctricos* no es conductivo y evitará que el pie del usuario complete un circuito eléctrico a la tierra.

- *Esté alerta de los peligros eléctricos*, especialmente al trabajar con *escaleras portátiles, andamios y otras plataformas.*
- *Nunca eluda la protección* de sistemas o dispositivos eléctricos.
- *Desconecte las herramientas de enchufe* cuando no las esté usando y cuando esté cambiando las paletas, partes u otros accesorios.
- Inspeccione todas las **herramientas antes de usarlas**.
- *Use sólo los cables de extensión con conexión a tierra.*
- *Quite las herramientas dañadas* y las extensiones dañadas y póngalas fuera de uso.
- *Mantenga despejadas* de cables eléctricos **las zonas de trabajo y los pasillos**.

REGLAS PARA ENCENDER Y ALUMBRAR TEMPORALMENTE:

- *Use interruptores de circuitos cuando falta hacer tierra (GFCI)* en todos los circuitos temporales de entre 15 y 20 amperios.
- *Proteja las luces temporales* del contacto y del daño.
- *No cuelgue de los cables las luces temporales*, a menos que la luz temporal esté diseñada así.

Efectos de la Corriente Eléctrica en el Cuerpo Humano

Corriente	Reacción
1 mA	Nivel de Percepción. Solo una ligera cosquilla
5 mA	Se siente un ligero shock, no doloroso pero molesto. El individuo promedio puede liberarse del circuito. Sin embargo fuertes reacciones involuntarias en este rango pueden causar heridas.
6 – 25 mA	(Mujeres) Shock Doloroso, pérdida de control muscular.
9 – 30 mA	(Hombres) Este es el valor límite en que puede liberarse del circuito por sí mismo.
50 – 150 mA	Dolor extremo, paro respiratorio, contracciones musculares severas. La persona no puede liberarse. Es Posible Muerte.
1000-4300 mA	Fibrilación Ventricular. Cesa el bombeo rítmico del corazón. Ocurren daños al sistema nervioso y contracción muscular involuntaria. Muerte muy probable
10000 mA	Paro Cardíaco, quemaduras severas y probable muerte

Enfoque en Cuatro Peligros (electrocución); Plática Relámpago No. 1

¿Cómo aumenta el riesgo de electrocución?

(*Responder a las siguientes preguntas*)

¿Cuáles son los peligros de electrocución?

¿Cuáles son los resultados?

¿Qué debemos revisar?

Incidente de la vida real:

Un plomero de 40 años de edad murió luego de haberse acostado sobre una lámpara de trabajo mientras trabajaba en la plomería debajo de una casa en remodelación. La víctima estaba gateando debajo de la casa acarreando la lámpara de trabajo. El alambre dentro del conducto de la lámpara se peló y energizó la cubierta de la lámpara. En la investigación del incidente se encontró que la lámpara dañada se había usado sin GFCI y que el sistema eléctrico de la casa no tenía una conexión a tierra apropiada.

(*Responder a las siguientes preguntas*)

¿Cómo se puede prevenir este tipo de resultados?

¿Cuáles fueron los factores que aumentaron el riesgo de electrocución en este caso?

¿Alguien puede demostrar cómo se inspecciona la seguridad eléctrica de esta herramienta?

¿Cuáles son algunas de las áreas de trabajo donde hay que buscar los peligros eléctricos?

Enfoque en Cuatro Peligros (electrocución); Plática Relámpago No. 2

¿Qué dispositivos y procedimientos pueden usarse para prevenir una electrocución?

(*Responder a las siguientes preguntas*)

    ¿Cuáles son los peligros de electrocución?

    ¿Cuáles son los resultados?

    ¿Qué debemos revisar?

Incidente de la vida real:

Un soldador de 29 años de edad se electrocutó al hacer contacto con el receptáculo que estaba instalado en el extremo de un cable de extensión energizado. Se encontró que la máquina soldadora y el cable eran incompatibles; sin embargo, tanto el cable para soldar como el cable de extensión habían sido modificados para poder usarlos juntos. El resultado fue un sistema sin conexión a tierra que mató al trabajador.

(*Responder a las siguientes preguntas*)

    ¿Cómo se puede prevenir este tipo de resultados?

    ¿Alguien puede explicar cómo funciona un GFCI?

    ¿Quién ha leído el programa de equipo seguro con conductor a tierra (assured equipment grounding conductor program) de su centro de trabajo?

    ¿Cuáles son algunos de sus requerimientos?

Enfoque en Cuatro Peligros (electrocución); Plática Relámpago No. 3

¿Cómo prevenir la electrocución al usar herramientas eléctricas?

(*Responder a las siguientes preguntas*)

¿Cuáles son los peligros de electrocución?

¿Cuáles son los resultados?

¿Qué debemos revisar?

Incidente de la vida real:

Un electricista de 45 años de edad se electrocutó al hacer contacto con la coraza de un taladro eléctrico de ½" energizado. La víctima estaba trabajando en una superficie mojada, usando un taladro de aislamiento sencillo conectado a cables de extensión dañados y tendidos sobre agua.

(*Responder a las siguientes preguntas*)

¿Cómo se puede prevenir este tipo de resultados?

¿Qué puede provocar una electrocución cuando se usan herramientas eléctricas?

¿Quién ha visto o usado una herramienta eléctrica defectuosa?

¿Qué se debe hacer cuando se encuentra una herramienta eléctrica defectuosa?

OSHA DATOS RÁPIDOS

Seguridad eléctrica

Los riesgos eléctricos pueden causar quemaduras, choques eléctricos y electrocución (muerte).

- Sepa que probablemente todos los cables aéreos están energizados (vivos) a voltajes fatales. Nunca asuma que se puede tocar un cable de manera segura aún si está fuera de servicio o parece que está aislado.
- Nunca toque una línea de energía eléctrica que se haya caído. Llame a la compañía de servicio eléctrico para reportar líneas eléctricas caídas.
- Manténgase al menos 10 pies (3 metros) alejado de los cables aéreos durante limpiezas y otras actividades. Si está trabajando desde alturas o manejando objetos largos, antes de comenzar a trabajar evalúe el área para detectar la presencia de cables aéreos.
- Si un cable aéreo cae sobre su vehículo cuando esté guiando, manténgase dentro del vehículo y continúe guiando, alejándose del cable. Si el motor de su vehículo se detiene, no salga del vehículo. Adviértale a las personas que no toquen el vehículo o el cable. Llame, o pídale a alguien que llame, a la compañía local de servicio eléctrico y a servicios de emergencia.
- Nunca opere equipos eléctricos mientras esté parado sobre agua.
- Nunca repare cables o equipo eléctrico a menos que esté calificado y autorizado.
- Antes de energizar el equipo eléctrico que se ha mojado, haga que un electricista calificado lo inspeccione.
- Si está trabajando en áreas húmedas, inspeccione los cables y equipo eléctrico para asegurarse que estén en buenas condiciones y sin defectos, y use un interruptor de circuito con pérdida a tierra (GFCI, por sus siglas en inglés).
- Siempre tenga cuidado cuando esté trabajando cerca de electricidad.

Para más información:

OSHA Administración de Seguridad y Salud Ocupacional
Departamento de Trabajo de los EE. UU.
www.osha.gov (800) 321-OSHA (6742)

LA SEGURIDAD Y LA ELECTRICIDAD

ACTIVIDAD 3: LAS SITUACIONES EN LAS QUE HAY AGUA Y LOS INTERRUPTORES DE CIRCUITO QUE PERDIÓ TIERRA

En su grupo pequeño, lea las hojas de datos "E" y "F", y el siguiente caso de estudio. En seguida, conteste las preguntas que aparecen a continuación.

CASO DE ESTUDIO:

Usted es un trabajador con experiencia en mantenimiento de edificios. Está ayudando a una nueva trabajadora a aprender el oficio. Hay que limpiar un sótano inundado. La empleada nueva ha empezado a acomodar los cordones y herramientas eléctricas para hacer el trabajo. Usted le dice: "Espérate un momentito, primero revisemos la instalación eléctrica". Luego le dice: "No, no podemos hacer esto sin la protección de un interruptor para circuito que perdió conexión a tierra. Te voy a explicar por qué...".

Trabajo a salvo:
Herramienta HACIENDO TIERRA, enchufe POLARIZADO de 3 dientes y receptáculo GFCI.

1. ¿Qué le diría a la nueva empleada?

2. ¿Qué puede hacer por el momento para corregir este problema?

3. What is the best way to deal with this in the future?

ACTIVIDAD 3: LAS CONDICIONES MOJADAS Y LOS INTERRUPTORES DE CIRCUITO QUE PERDIÓ TIERRA

Hoja de datos E: Cómo usar equipo eléctrico en lugares mojados

Usar herramientas eléctricas o equipo eléctrico en áreas donde hay agua puede ser un peligro. Si su piel está seca, tiene mucha *resistencia* (que se mide en *ohms* o Ω). Pero si su piel está mojada por cualquier razón (la lluvia, el sudor, pararse en un charco de agua), la resistencia de la piel a la electricidad se reduce rapidísimo y mucho. La cantidad de **corriente** eléctrica en *amps* que fluye por su cuerpo **aumenta cuando la resistencia** en *ohms* **baja. Amperios = voltios ÷ ohms.**

La corriente medida en **amps.** = voltaje medido en **voltios** divididos entre resistencia en **ohms**.

A MAYOR VOLTAJE = más corriente (si la resistencia permanece siendo la misma).

A MENOS RESISTENCIA = más corriente (si el voltaje permanece siendo el mismo).

¿CUÁNTA CORRIENTE SE NECESITA PARA MATARME?

No se necesita mucha, especialmente si pasa por su corazón. Las corrientes superiores a los *75 miliamperios* pueden causar una condición llamada *fibrilación ventricular*. (Un miliamperio es un milésimo de amperio: 1/1000). Si su corazón entra en estado de fibrilación, late rapidísimo, pero sin bombear nada de sangre, porque no está latiendo a su ritmo normal. Si su sangre no puede llevar oxígeno a su cerebro, tendrá usted muerte cerebral en 3 o 4 minutos. La forma de revivirlo a usted requiere otro golpe de descarga eléctrica hecha con un *desfibrilador*.

Si tiene la piel mojada y pasa su cuerpo por 120 voltios de electricidad, es probable que tenga usted una corriente de 100 miliamperios o más fluyendo hacia su corazón. *Las corrientes mayores a 10 miliamps.* pueden causar *parálisis muscular*. Puede que no le sea posible soltar las herramientas electrificadas o el equipo. *Las descargas eléctricas que duran más son más severas.*

Los sistemas eléctricos deben instalarse con fusibles o interruptores de circuitos. Estos dispositivos son conocidos como *protección contra el exceso de corriente* y se miden en amperios. Los circuitos caseros más comunes se instalan para 15 o 20 amps. **Los dispositivos de protección contra el exceso de corriente protegen las instalaciones eléctricas y el equipo del sobrecalentamiento y los incendios.** Puede que lo protejan a usted de un golpe de descarga eléctrica, o puede que no. Si la corriente no es suficiente, el fusible no saltará o el interruptor de circuito no reaccionará. Podría ser usted electrocutado o muerto sin que siquiera se haya botado un fusible o que haya reaccionado un interruptor de circuito.

ACTIVIDAD 3: LAS SITUACIONES EN LAS QUE HAY AGUA Y LOS INTERRUPTORES DE CIRCUITO QUE PERDIÓ TIERRA

Hoja de datos F: Los interruptores de circuito que perdió tierra, al rescate

La invención de interruptores de circuito que perdió tierra (GFCI, por sus siglas en inglés) fue crucial en la seguridad para el manejo de electricidad. La *pérdida de tierra* ocurre cuando la corriente eléctrica fluye por un camino por el que no debería fluir. En condiciones normales, la corriente fluye en un *circuito*: sale de una fuente, viaja a través del dispositivo al que hace operar, el cual es llamado la *carga*, y luego se regresa a su fuente. [Ver la Actividad 2 para más información sobre instalación de circuitos eléctricos.]

La corriente (amps.) fluye fuera de la carga desde el lado positivo (que normalmente está a 120 voltios AC) y regresa al lado neutral (que está a cero voltios). En condiciones normales, estas dos corrientes (positiva y neutral) son iguales. si no son iguales debido a que hay una *filtración de corriente* (o sea que la corriente no regresa a través del conductor neutral sino por otro lado), hay entonces una pérdida del proceso de tocar tierra. Esto puede ocurrir si la corriente se va a su cuerpo y regresa a la fuente a través de un camino que hace tierra. **La electricidad toma CUALQUIER camino para regresarse a su fuente.** Lo que queremos es que se regrese sólo por el camino neutral.

El interruptor de circuito que perdió tierra (GFCI, en inglés) trabaja bajo los principios arriba indicados. Mide la corriente total del lado positivo y la corriente total en el lado neutro del circuito. Se supone que tienen que ser equivalentes. Si estas dos corrientes difieren una de la otra por *más de 5 miliamperios* (más o menos 1 miliamperio), el interruptor para cuando falta tierra se acciona como un rápido interruptor de circuito y tarda 1/40 de segundo en apagar la electricidad. Usted de todas formas puede sentir esta pequeña cantidad de corriente, pero rápidamente se apagará.

Estos interruptores GFCI para circuitos que perdieron tierra se fabrican de muchas formas. El más común es la salida tomacorriente con GFCI. Pero hay también interruptores de circuitos GFCI, salidas para enchufes GFCI y cables de extensión con interruptores GFCI, así como sistema de alambrado con interruptor GFCI adentro de un dispositivo, como son las secadoras de pelo. Todas las modalidades de interruptor para cuando falta hacer tierra tienen funciones de **"prueba"** y **"reinicio"**. **El interruptor debe reaccionar cuando usted oprima el botón de prueba ("test"). Debe además electrificar el circuito cuando oprima reiniciar ("reset"). ¡Si falla cualquiera de estas dos pruebas, debe cambiar el interruptor GFCI para quedar protegido!**

LA SEGURIDAD Y LA ELECTRICIDAD

ACTIVIDAD 4: LOS CORDONES DE EXTENSIÓN, EL COBRE Y LA CORRIENTE

En su grupo pequeño, lea las hojas de datos "G" y "H" y el siguiente caso de estudio. En seguida, responda las preguntas que aparecen a continuación:

CASO DE ESTUDIO:

Usted está un día en el trabajo y un compañero empieza a gritar: parece que su sierra eléctrica está echando humo. Huele como que se está quemando, y su cordón de extensión se está calentando lo suficiente como para quemarle la mano. Usted se acerca, echa un vistazo a la situación y sacude la cabeza: "Bueno, sé cuál es tu problema, y te lo voy a explicar si dejas de gritar", le dice...

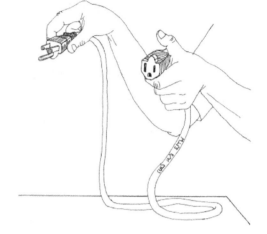

1. ¿Cuál es su explicación para el trabajador?

Trabajo a salvo:
Cordón de extensión aprobado por la UL, de tres conductores, HACIENDO TIERRA, alambres núm. 12.

2. ¿Cuáles son algunos de los pasos que hay que dar para lidiar con este asunto?

3. ¿Cuál es la mejor manera de corregir este problema?

ACTIVIDAD 4: LOS CORDONES DE EXTENSIÓN, EL COBRE Y LA CORRIENTE

Hoja de datos G: El tamaño del cable y la capacidad en amperios

Cuando se trata de transmisión de corriente eléctrica, el tamaño importa: importa el tamaño del conductor eléctrico. Mire la siguiente tabla sobre *capacidad en amperios*, que es la capacidad que tiene un conductor para cargar corriente en amperios. Notará dos cosas: la **cantidad de corriente** que puede cargar un cable sin peligro **aumenta** a medida que **disminuye** el **diámetro** (y el área) del cable, y a medida que **disminuye el tamaño del cable**. Todo eso es el indicador de la capacidad. Su unidad de medida se llama AWG (American Wire Gauge).

Tabla de medida AWG de alambre de cobre

Tamaño del alambre de cobre (en AWG)	Diámetro (mils.)	Area (Mils. circulares)	Capacidad en amps. al aire libre	Capacidad en amps. como parte de un cable con 3 conductores
14 AWG	64.1	4109	20 amps.	15 amps.
12 AWG	80.8	6529	25 amps.	20 amps.
10 AWG	101.9	10,384	40 amps.	30 amps.
8 AWG	128.5	16,512	70 amps.	50 amps.

PERO YO NO QUIERO SER UN INGENIERO...

Oiga, pues tampoco yo, pero estas cosas son importantes. Note que un alambre núm. 8 *mide el doble de diámetro* pero es *cuatro veces el área* de un alambre núm. 14. Hay un par de aplicaciones prácticas en esto. Para empezar, la capacidad del alambre determina el índice de un fusible o de un interruptor de circuito en amperios. Un circuito con alambrado de cobre núm. 14 tendrá un interruptor de circuito de 15 amps. Un circuito de cobre núm. 12 puede tener un interruptor de 20 amps., el de cobre 10 puede ser de 30 amps., y así sucesivamente.

La segunda cosa a considerar es que si se *sobrecarga una extensión* puede ocasionarse un incendio. Esto ocurre cundo fluye demasiada corriente en un conductor que no es lo suficientemente pesado para la carga eléctrica en amps. El circuito puede tener el alambrado adecuado y con su interruptor correctamente calificado, pero si fluye demasiada corriente a través de un cordón de extensión cuyos alambres son demasiado pequeños, el cordón se incendiará. A veces también hay una *caída de voltaje* a lo largo de una extensión más larga, lo cual podría dañarle sus herramientas.

ACTIVIDAD 4: LOS CORDONES DE EXTENSIÓN, EL COBRE Y LA CORRIENTE

Hoja de datos H: Datos sobre las extensiones

Con el amplio uso de herramientas eléctricas en los lugares de construcción, muchas veces son necesarios los cordones de extensiones flexibles. Como están al descubierto, son flexibles y no están asegurados, son más susceptibles de dañarse que con la instalación fija de cableado. Se generan peligros cuando los cordones, sus enchufes, los receptáculos y el equipo conectado con un enchufe se usan inadecuadamente y no reciben el adecuado mantenimiento. **Éstos son algunos factores señalados por la OSHA respecto a la seguridad y los cordones de extensión.**

NO ESTIRARLOS

- Para reducir los peligros, los cordones flexibles deben conectarse a los dispositivos y a sus ajustes de manera que eviten tensión tanto en los conectores de enlace como en las terminales donde se atornillan. Como los cordones flexibles tienen finos filamentos para lograr flexibilidad, estirar un cordón puede causar que los filamentos de un conductor se suelten de debajo de los tornillos de una terminal y toquen otro conductor.

EL CORDÓN DAÑADO

- Un cordón flexible puede estar dañado por las puertas o por los bordes de las ventanas, por grapas y cierres, por el roce de materiales adyacentes, o simplemente por el paso del tiempo. Si los conductores eléctricos quedan al descubierto, hay peligro de golpes de descarga eléctrica, quemaduras o incendios. **Cambie los cordones raídos o dañados. Evite hacer pasar los cordones a través de las esquinas y bordes puntiagudos o filosos.**

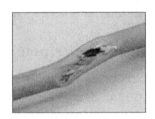

LA DURABILIDAD

- El reglamento de normas de la OSHA sobre construcción exige que los cordones flexibles sean catalogados con calificaciones para uso pesado o extra pesado. Estas calificaciones se basan en el Código Nacional Eléctrico, y se exige que tengan una marca imborrable aproximadamente a cada pie a lo largo del cordón. Estos códigos son, por ejemplo: S, ST, SO y STO para servicio pesado, y SJ, SJO, SJT y SJTO para servicio mediano pesado.

CONECTAR A TIERRA

- Los cordones de extensión deben tener alambrado triple para que puedan hacer tierra y permitir que cualquier herramienta o equipo que se conecte a ellos también haga tierra.

CONDICIONES DE HUMEDAD

- Cuando un cordón conector está mojado, la corriente eléctrica puede filtrarse hacia el conductor que conecta el equipo hacia la tierra, y también filtrarse hacia los humanos que recojan ese conector, si es que éstos ofrecen un camino hacia la tierra. Esa filtración no sólo puede darse en la parte frontal del conector sino en cualquier porción que esté mojada. Limite la exposición de los conectores y herramientas a un exceso de humedad utilizando conectores herméticos o impermeables.

NOTA: Esta página está adaptada de la OSHA eTool: Construction, Electrical Hazards, Flexible cords

Hechos fatales; Reporte de accidente

Resumen de accidente #11

Tipo de accidente	Electrocución
Condiciones climáticas	Suelo mojado
Tipo de operación	Remodelación
Tamaño de la cuadrilla	2
Contrato colectivo	No
Monitor de seguridad competente en el sitio	Sí
Programa de Seguridad y Salud en efecto	No
El sitio fue inspeccionado regularmente	No
Se proporcionó capacitación y educación	No
Puesto del trabajador	Carpintero
Edad y sexo	33, hombre
Experiencia en este tipo de trabajo	30 días
Tiempo en la obra	3 días

Breve descripción del accidente

Dos trabajadores estaban instalando revestimiento de aluminio en una casa de campo cuando fue necesario remover una antena metálica de radio CB de 36 pies de altura. Uno de los trabajadores estaba sobre un tablón metálico colocado entre dos escaleras y aflojó la antena en la parte superior de la casa. El otro trabajador, que estaba sobre el suelo, tomó la antena para colocarla sobre el patio. La antena hizo contacto con un cable de transmisión eléctrica de 7,200 Voltios a 30 pies y 10 pulgadas de distancia de la casa y a 23 pies y 9 pulgadas de altura sobre el suelo. El trabajador que manipulaba la antena recibió una descarga mortal y el otro solo una descarga menor.

Resultados de la inspección

Luego de su investigación, la OSHA expidió una citación por dos presuntas violaciones a sus estándares para la construcción. Si estos estándares se hubieran seguido, esta muerte podría haberse evitado.

¿Recomendaciones para evitar este tipo de accidentes?

Hechos fatales; Reporte de accidente

Resumen de accidente #17

Tipo de accidente	Electrocución
Condiciones climáticas	Soleado, despejado
Tipo de operación	Estructura de acero
Tamaño de la cuadrilla	3
Contrato colectivo	No
Monitor de seguridad competente en el sitio	Sí, la víctima
Programa de Seguridad y Salud en efecto	No
El sitio fue inspeccionado regularmente	Sí
Se proporcionó capacitación y educación	No
Puesto del trabajador	Capataz de estructuras de acero
Edad y sexo	43, hombre
Experiencia en este tipo de trabajo	4 meses
Tiempo en la obra	4 horas

Breve descripción del accidente

Los trabajadores estaban moviendo la estructura de un toldo metálico usando un camión de grúa con pluma. El cable de la pluma hizo contacto con un cable de distribución de 7,200 Voltios electrocutando al operador de la grúa. Él era el capataz en la obra.

Resultados de la inspección

Como resultado de su investigación, la OSHA expidió citaciones por cuatro violaciones serias a sus estándares para la construcción relacionados con capacitación, equipo de protección y por trabajar cerca del cableado eléctrico. En los estándares de la OSHA para la seguridad en la construcción se incluyen varios requisitos que, de haberse cumplido, se podría haber evitado esta muerte.

¿Recomendaciones para evitar este tipo de accidentes?

Hechos fatales; Reporte de accidente

Resumen de accidente #28

Tipo de accidente	Electrocución
Condiciones climáticas	Despejado
Tipo de operación	Trabajo en cableado de distribución
Tamaño de la cuadrilla	2
Contrato colectivo	Sí
Monitor de seguridad competente en el sitio	Sí
Programa de Seguridad y Salud en efecto	No
El sitio fue inspeccionado regularmente	No
Se proporcionó capacitación y educación	No
Puesto del trabajador	Electricista
Edad y sexo	44, hombre
Experiencia en este tipo de trabajo	11 meses
Tiempo en la obra	6 semanas

Breve descripción del accidente

Un electricista se electrocutó mientras trabajaba en cables conectados a tierra y sin energía. Estaba trabajando en la canasta defectuosa de un elevador aéreo de pluma cuando la canasta hizo contacto con cables con energía que se encontraban debajo de los cables sin energía. La canasta defectuosa permitió que la corriente pasara a través de un hoyo de drenaje cortado en el cuerpo de la canasta, luego a través del empleado y a tierra a través de un cable sin energía.

Resultados de la inspección

La OSHA citó a la compañía por dos violaciones serias a sus estándares para la construcción. Si se hubieran colocado barreras para evitar el contacto con los cables con energía adyacentes, la descarga eléctrica se podría haber evitado.

¿Recomendaciones para evitar este tipo de accidentes?

Hechos fatales; Reporte de accidente

Resumen de accidente #30

Tipo de accidente	Electrocución
Condiciones climáticas	Despejado
Tipo de operación	Contratista de electricidad
Tamaño de la cuadrilla	2
Contrato colectivo	No
Monitor de seguridad competente en el sitio	Sí
Programa de Seguridad y Salud en efecto	Inadecuado
El sitio fue inspeccionado regularmente	Sí
Se proporcionó capacitación y educación	No
Puesto del trabajador	Electricista
Edad y sexo	39, hombre
Experiencia en este tipo de trabajo	16 años
Tiempo en la obra	1 día

Breve descripción del accidente

Un electricista estaba removiendo una cinta metálica por un hoyo en la base de un poste metálico de iluminación. La cinta metálica hizo contacto con la corriente y lo electrocutó.

Resultados de la inspección

Como resultado de su inspección, la OSHA expidió citaciones por tres violaciones serias a sus estándares para la construcción. Si se hubiera cumplido con el requisito de desconectar las fuentes de energía, la electrocución se podría haber evitado.

¿Recomendaciones para evitar este tipo de accidentes?

Hechos fatales; Reporte de accidente

Resumen de accidente #40

Tipo de accidente	Electrocución
Condiciones climáticas	Soleado, despejado
Tipo de operación	Construcción de cerca
Tamaño de la cuadrilla	5
Contrato colectivo	No
Monitor de seguridad competente en el sitio	No
Programa de Seguridad y Salud en efecto	Yes
El sitio fue inspeccionado regularmente	No
Se proporcionó capacitación y educación	No
Puesto del trabajador	Obrero
Edad y sexo	25, hombre
Experiencia en este tipo de trabajo	3 meses
Tiempo en la obra	1 día

Breve descripción del accidente

Cinco trabajadores estaban construyendo una cerca de malla metálica frente a una casa, directamente debajo de un cable eléctrico de 7,200 Voltios. Estaban instalando secciones superiores de barandal de metal de 21 pies de longitud sobre la cerca. Un trabajador levantó una sección de 21 pies de barandal y, al sostenerla verticalmente hizo contacto con el cable de 7,200 Voltios. El trabajador murió electrocutado.

Resultados de la inspección

Luego de su inspección, la OSHA determinó que el trabajador que murió nunca había recibido capacitación alguna de su empleador ni instrucción específica alguna sobre cómo evitar los peligros de los cables eléctricos aéreos. La agencia expidió citaciones por dos violaciones serias por deficiencias en capacitación.

¿Recomendaciones para evitar este tipo de accidentes?

Hechos fatales; Reporte de accidente

Resumen de accidente #49

Tipo de accidente	Descarga eléctrica
Condiciones climáticas	Despejado, caluroso
Tipo de operación	Contratista de albañilería
Tamaño de la cuadrilla	6
Contrato colectivo	No
Monitor de seguridad competente en el sitio	No
Programa de Seguridad y Salud en efecto	Inadecuado
El sitio fue inspeccionado regularmente	Sí
Se proporcionó capacitación y educación	No
Puesto del trabajador	Acabados de cemento
Edad y sexo	34, hombre
Experiencia en este tipo de trabajo	10 años
Tiempo en la obra	1 día

Breve descripción del accidente

Dos trabajadores estaban esparciendo concreto tan pronto como era suministrado por un camión con pluma para bombeo de concreto. El camión estaba estacionado en la calle al otro lado del sitio de la obra. Los cables eléctricos aéreos corrían paralelos a la pluma de bombeo del camión. Un trabajador estaba moviendo la manguera para verter el concreto cuando la pluma hizo contacto con un cable aéreo con electricidad de 7,620 Voltios. El trabajador recibió una descarga eléctrica mortal y cayó sobre otro trabajador que le estaba ayudando. El segundo trabajador recibió una gran descarga eléctrica y quemaduras. No se había cumplido con el requisito de capacitación en seguridad cuando sucedió el accidente.

Resultados de la inspección

La OSHA expidió una citación al empleador por no instruir a cada trabajador para reconocer y evitar condiciones inseguras en el sitio de trabajo. Expidió otra citación por operar equipo a menos de 10 pies de los cables de electricidad de 50 kV, sin conexión a tierra, y por no instalar barreras aislantes.

¿Recomendaciones para evitar este tipo de accidentes?

Hechos fatales; Reporte de accidente

Resumen de accidente #57

Tipo de accidente	Electrocución
Condiciones climáticas	Despejado, húmedo, caluroso
Tipo de operación	Instalación de persianas en ventanas
Tamaño de la cuadrilla	2
Contrato colectivo	N/A
Monitor de seguridad competente en el sitio	No
Programa de Seguridad y Salud en efecto	Parcial
El sitio fue inspeccionado regularmente	No
Se proporcionó capacitación y educación	Algo
Puesto del trabajador	Ayudante
Edad y sexo	17, hombre
Experiencia en este tipo de trabajo	1 mes
Tiempo en la obra	1 mes

Breve descripción del accidente

Un trabajador estaba subiendo por una escalera de metal para entregar un taladro eléctrico al instalador, que se encontraba sobre un andamio aproximadamente cinco pies por encima de él. Cuando la víctima alcanzó el tercer peldaño de abajo hacia arriba de la escalera recibió una descarga eléctrica que lo mató. La investigación reveló que el cable de extensión no tenía el contacto para conexión a tierra y que un conductor en el cable verde para tierra estaba haciendo contacto intermitente con el alambre negro de corriente. Esto causó que la corriente circulara por todo lo largo del cable de tierra y la armadura del taladro. El taladro no era de doble aislamiento.

Resultados de la inspección

Como resultado de su investigación, la OSHA expidió citaciones por violaciones a los estándares para la construcción.

¿Recomendaciones para evitar este tipo de accidentes?

Hechos fatales; Reporte de accidente

Resumen de accidente #60

Tipo de accidente	Electrocución
Condiciones climáticas	Trabajo en interior
Tipo de operación	Instalación y reparación de lámparas de cielo
Tamaño de la cuadrilla	15
Monitor de seguridad competente en el sitio	Sí
Programa de Seguridad y Salud en efecto	Inadecuado
El sitio fue inspeccionado regularmente	Sí
Se proporcionó capacitación y educación	No
Puesto del trabajador	Electricista
Edad y sexo	53, hombre
Experiencia en este tipo de trabajo	(?)
Tiempo en la obra	1 mes

Breve descripción del accidente

Un trabajador trataba de arreglar un par lámparas que no funcionaban. Él procedió al área donde pensaba que se encontraba un problema eléctrico. No había apagado el interruptor de circuito (*circuit braker*) ni había probado los cables para saber si llevaban corriente. Se electrocutó al agarrar con su mano izquierda los dos cables de corriente, cayendo de la escalera.

Resultados de la inspección

Como resultado de su investigación, la OSHA expidió citaciones por tres presuntas violaciones serias. Los estándares para la construcción incluyen varios requisitos que, de haberse cumplido aquí, habrían evitado esta muerte.

¿Recomendaciones para evitar este tipo de accidentes?

Reconocimiento de peligros de electrocución

(Notas)

Recognize Any Hazard(s)?

Recognize Any Hazard(s)?

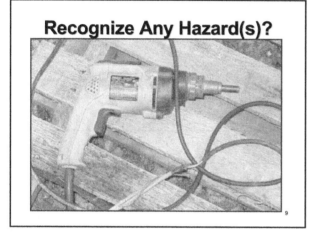

Recognize Any Hazard(s)?

Recognize Any Hazard(s)?

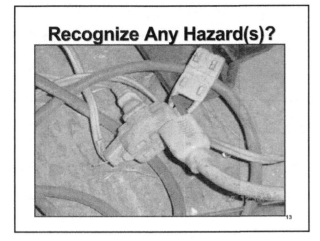

Recognize Any Hazard(s)?

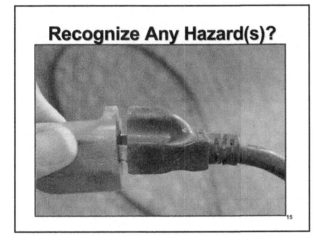

Recognize Any Hazard(s)?

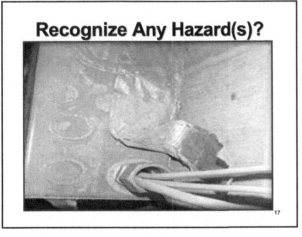

Focus 4 en la construcción

Preguntas de repaso sobre Electrocución

Nombre: _____ Fecha: _____

Instrucciones: marque la respuesta que considere correcta.

1. "Be safe" (manténgase seguro) debería recordar al trabajador que las quemaduras, la electrocución, las descargas y los arcos eléctricos, el fuego y las explosiones son peligros a los que se expone cuando...

    a) Trabaja cerca de grúas y cableado eléctrico

    b) Trabaja con o cerca de cualquier fuente de energía eléctrica

    c) Trabaja con materiales inflamables

2. Un interruptor de circuito GFCI sirve para...

    a) Detectar fallas en la conexión a tierra e interrumpir el flujo de energía eléctrica; protege al trabajador al limitar así la duración de una descarga eléctrica

    b) Detectar fallas en la conexión a tierra e interrumpir el flujo de energía eléctrica; inhabilita el equipo conectado pero el trabajador sigue expuesto a una electrocución

    c) Determinar si un sistema eléctrico está conectado a tierra apropiadamente

3. Para evitar una electrocución por contacto con cables eléctricos aéreos de 50 kV, el trabajador y su equipo deben mantener una distancia mínima de...

    a) 5 pies   b) 8 pies   c) 10 pies

4. ¿Cuál de las siguientes es una buena práctica de seguridad para protegerse contra el peligro de electrocución?

    a) Usar un GFCI solo cuando se trabaje con herramienta de doble aislamiento

    b) No operar equipo eléctrico en superficies mojadas

    c) Usar un adaptador cuando se conecte un cable de dos conductores (sin conector a tierra) a un cable o equipo de tres conductores

5. *Algunos de los requerimientos al empleador para proteger al trabajador contra una electrocución son: verificar la seguridad del cableado aéreo, proporcionar GFCI, aislar partes energizadas, asegurar una conexión a tierra apropiada y ¿cuáles de los siguientes son 3 requisitos más?*

    a) Proporcionar capacitación

    b) Asegurar que la herramienta eléctrica se mantenga en condiciones seguras

    c) Verificar el uso apropiado de los cables de extensión

    d) Reportar a la OSHA toda queja de los trabajadores en materia de seguridad

6. *Cuando un sistema eléctrico está correctamente conectado a tierra ¿de qué debe preocuparse el trabajador?*

    a) El sistema es seguro y no puede volverse peligroso; en consecuencia, el trabajo con equipo eléctrico es siempre seguro

    b) El equipo eléctrico puede volverse instantáneamente peligroso debido a condiciones extremas o uso rudo

    c) El sistema se mantendrá seguro y no será afectado por cambios en las condiciones del área de trabajo o en el equipo eléctrico

Focus 4: Golpe

Alerta de peligro
Pistola de clavos

Lesiones graves, incluso mortales, están sucediendo a trabajadores que usan estas herramientas

¿Cuál es el problema?

La pistola de clavos es popular por una razón: hace su trabajo en un abrir y cerrar de ojos. Pero esa rapidez puede actuar en contra del trabajador. En una fracción de segundo un clavo puede penetrar en su dedo o mano o suceder algo peor.

Las lesiones por pistola de clavos son mucho más comunes de lo que la gente cree. La mayoría de estas lesiones son heridas punzantes en manos o dedos, pero también se asocian al uso de estas herramientas lesiones más graves, incluso mortales.

¿Cómo suceden la mayoría de las lesiones por pistola de clavos?

* Por disparo accidental o no intencional, frecuentemente asociado al retroceso de la pistola inmediatamente después de un disparo.

* Por clavos que rebotan.

* Por clavos que atraviesan la superficie clavada.

* Por clavos que salen volando.

* Por anular mecanismos de seguridad.

* Por prácticas de trabajo inseguras.

* Por mantener el dedo en el gatillo.

Información básica sobre de la pistola de clavos

Aunque hay muchos tipos de pistola de clavos (para marcos, acabados, pisos, etc.), existen dos tipos comunes de gatillo:

* El mecanismo de gatillo de contacto (*contact trip trigger*), que permite disparar la herramienta cuando tanto el gatillo como la nariz están deprimidos. El gatillo se puede mantener presionado para permitir el clavado en rebote (*bump* o *bounce nailing*).

* El mecanismo de gatillo secuencial (*sequential trigger*), que requiere que la nariz de la pistola (elemento de contacto) esté deprimido antes de jalar el gatillo. Esto evita la descarga inadvertida de clavos.

> ***Advertencia:*** *Los dos gatillos se ven exactamente igual. ¡Usted no será capaz de notar la diferencia! Si usted puede clavar en rebote (*bump nail*) manteniendo abajo el gatillo y rebotar la nariz sobre la superficie de clavado, eso es una pistola de gatillo de contacto. Tenga mucha precaución.*

¿Porqué es importante esto?

1. La pistola con mecanismo de gatillo de contacto es doblemente más peligrosa que la de gatillo secuencial, incluso si se toma en consideración la experiencia y la capacitación del trabajador.

2 Los disparos accidentales luego del retroceso de pistolas con gatillo de contacto son los más comunes.

3. Si no ha sido capacitado en el uso de alguna de estas herramientas corre un alto riesgo de lesionarse.

Los gatillos *más rápidos* no incrementan la productividad

En un estudio reciente en el que se midió la productividad en la construcción se encontró que el uso del gatillo de contacto no mostró una diferencia significativa en la productividad (menos de 1%) comparado con el gatillo secuencial. Tampoco se encontró diferencia significativa en cuanto a la cantidad y colocación de clavos.

El estudio, hecho con carpinteros con un promedio de 13 años en el oficio, encontró que la diferencia en productividad se debió al trabajador y no a la herramienta que usó.

¿Cómo prevenir lesiones?

* Pida una pistola con mecanismo de gatillo secuencial.

* Nunca dispare en dirección a usted o a sus compañeros de trabajo.

* No presione el gatillo a menos que la nariz de la pistola (elemento de contacto) esté firmemente presionada contra el material de trabajo.

* Nunca camine con el dedo sobre el gatillo.

* Nunca limpie, desatore o ajuste una pistola de clavos mientras está conectada a la alimentación de aire.

* Evite clavar en los nudos de la madera y metal porque será más probable que los clavos reboten. Los materiales densos, como las vigas laminadas, son más difícil de clavar.

* Nunca remueva ni neutralice los mecanismos de seguridad, gatillos o resortes de contacto.

* Nunca use una herramienta defectuosa. Si una herramienta está fallando, debe ser etiquetada y retirarse del servicio.

(...)

La grúas y equipo del aparejo

El asegurar correctamente cualquier carga con el aparejo apropiado es crucial a cualquier levantar por la maquinaria en el sitio de trabajo. Si el aparejo se cae, los resultados pueden causar una lesión seria o la muerte. Antes de que se levante cualquier carga, todos los componentes del hardware del aparejo deben estar evaluados para asegurar que ellos puedan soportar las fuerzas de la carga.

Siga estas prácticas seguras del trabajo al trabajar

1. Guarde todos los engranajes expuestos, ejes que rotan, poleas, piñones u otras piezas móviles para evitar contacto con los empleados.
2. Guarde o bloquee el radio del oscilación de la grúa para restringir y evitar que los empleados entren o sean pulsados por las máquinas.
3. Examine todo el equipo del aparejo antes de cada elevación, esto debe incluir todas las hondas, cadenas, cuerdas, y los materiales usados para apoyar y para levantar los materiales.
4. Quite de servicio inmediatamente cualquier equipo defectuoso.
5. Esté seguro de examinar todos los ganchos, las abrazaderas, y otros accesorios de elevación para saber si hay su carga clasificada.
6. Comuníquese claramente a todos los empleados en el sitio que nadie se permite trabajar debajo de las cargas.
7. Esté seguro que la persona responsable de señalar las estancias al operador de grúa mantenga en contacto visual con el operador y se ha estado bien entrenado para utilizar las señales correctas.

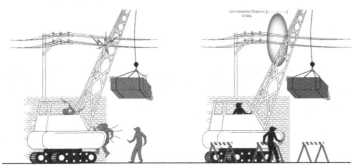

Lo Inapropiado — Lo Apropiado

www.buildsafe.org

16 — Spanish

Lista de verificación de equipo de protección personal

Protección	Operaciones típicas de interés	Sí	No
Ojos	Serrar, cortar, perforar, lijar, pulir, martillar, trozar, limpiar con abrasivos a presión, operar prensa perforadora, etc.		
	Vaciar, mezclar, pintar, limpiar, trasegar, operaciones en tanques hondos, servicios médicos y de cuidado dental, etc.		
	Soldar, cortar, operaciones con láser, etc.		
	Cargar baterías, instalar aislante de fibra de vidrio, operaciones con aire o gas comprimido, etc.		
Cara	Vaciar, mezclar, pintar, limpiar, trasegar, operaciones en tanques hondos, etc.		
	Soldar, vaciar metal fundido, herrería, hornear, cocinar, secar, etc.		
	Cortar, lijar, esmerilar, martillar, trozar, vaciar, mezclar, pintar, limpiar, trasegar, etc.		
Cabeza	Trabajar o caminar debajo de pasarelas o bandas transportadoras, construcción, zanjas, trabajo en servicios públicos, etc.		
	Construcción, operaciones en espacios confinados, mantenimiento de edificios, etc.		
	Trabajo en servicios públicos, construcción, cableado, trabajo en o cerca de comunicaciones, computadoras u otro equipo de alta tecnología; etc.		
Pies	Construcción, plomería, herrería, mantenimiento de edificios, zanjas, trabajo en servicios públicos, poda de césped, etc.		
	Cableado; trabajo en o cerca de comunicaciones, computadoras u otro equipo de alta tecnología; soldadura con arco o de resistencia, etc.		
	Fundición, vaciado, herrería, etc.		
	Demolición, fabricación de explosivos, moler granos, pintar con rociador, limpiar con abrasivos a presión, trabajar con materiales altamente inflamables, etc.		
Manos	Esmerilar, lijar, cortar, martillar, trasegar, operaciones en tanques hondos, servicios médicos y de cuidado dental, etc.		
	Soldar, vaciar metal fundido, herrería, hornear, cocinar, secar, etc.		
	Mantenimiento de edificios; trabajo en servicios públicos; construcción; cableado; trabajo en o cerca de comunicaciones, computadoras u otro equipo de alta tecnología; soldadura con arco o de resistencia, etc.		
Cuerpo	Vaciar, mezclar, pintar, limpiar, trasegar, operaciones en tanques hondos, tornear, cortar, cargar baterías, instalar aislante de fibra de vidrio, operaciones con aire o gas comprimido, etc.		
	Trozar, esmerilar, lijar, cortar, glasear, manipular materiales, etc,		
	Soldar, vaciar metal fundido, herrería, hornear, cocinar, secar, etc.		
Oídos	Tornear, esmerilar, lijar, trabajar cerca de bandas transportadoras, equipo neumático, generadores, abanicos de ventilación, motores, prensas perforadoras, etc.		

Opción A: Enfoque en Cuatro Peligros; Plática Relámpago No. 1

Incidente de la vida real:

Un inspector de construcción del condado, de 36 años de edad, murió cuando un camión de volteo cargado de asfalto retrocedió sobre él. El inspector vestía chaleco reflector color anaranjado y casco, y el camión de volteo tenía una alarma para reversa que funcionaba. El camión se desplazó en reversa aproximadamente 770 pies.

¿Cómo se puede prevenir este tipo de resultados?

_____
_____
_____
_____
_____
_____
_____
_____
_____
_____
_____
_____

Notas de discusión adicionales:

_____
_____
_____
_____
_____
_____

Opción B: Enfoque en Cuatro Peligros; Plática Relámpago No. 2

Incidente de la vida real:

Un conductor de camión, de 56 años de edad, fue aplastado al volcarse una grúa. La pluma de la grúa cayó sobre la cabina del camión de volteo en donde él estaba sentado. La grúa estaba bajando un contenedor de concreto de 4 yardas de capacidad, vacío, mientras extendía la pluma.

¿Cómo se puede prevenir este tipo de resultados?

_____
_____
_____
_____
_____
_____
_____
_____
_____
_____
_____
_____

Notas de discusión adicionales:

_____
_____
_____
_____
_____
_____

Hechos fatales; Reporte de accidente

Resumen de accidente #2

Tipo de accidente	Golpe de clavo
Condiciones climáticas	N/A
Tipo de operación	Contratistas generales
Tamaño de la cuadrilla	17
Contrato colectivo	Sí
Monitor de seguridad competente en el sitio	No
Programa de Seguridad y Salud en efecto	No
El sitio fue inspeccionado regularmente	No
Se proporcionó capacitación y educación	No
Puesto del trabajador	Carpintero
Edad y sexo	22, hombre
Experiencia en este tipo de trabajo	(?)
Tiempo en la obra	Desconocido

Breve descripción del accidente

Un aprendiz de carpintero murió al ser golpeado en la cabeza por un clavo disparado por una herramienta impulsada por pólvora. El operador de la herramienta, mientras intentaba fijar una forma de madera contrachapada en preparación para el vaciado de una pared de concreto, disparó la pistola y el clavo atravesó la pared hueca. El clavo viajó algunos 27 pies antes de golpear a la víctima. El operador nunca había recibido capacitación para el uso apropiado de la herramienta y ninguno de los trabajadores en el área estaba usando equipo de protección personal.

Resultados de la inspección

(Sección no incluida en el original)

¿Recomendaciones para evitar este tipo de accidentes?

Hechos fatales; Reporte de accidente

Resumen de accidente #4

Tipo de accidente	Golpe por colapso de la pluma de una grúa
Condiciones climáticas	Despejado
Tipo de operación	Contratista general
Tamaño de la cuadrilla	9
Contrato colectivo	Sí
Monitor de seguridad competente en el sitio	Sí
Programa de Seguridad y Salud en efecto	Sí
El sitio fue inspeccionado regularmente	Sí
Se proporcionó capacitación y educación	Sí
Puesto del trabajador (2)	Montador de acero, Aprendiz de administración
Edad y sexo	35, hombre, 26, hombre
Experiencia en este tipo de trabajo	1 hora
Tiempo en la obra	1 hora

Breve descripción del accidente

Una cuadrilla de montadores de acero y un operador de grúa estaban descargando una plancha de acero de 20 toneladas de un remolque de plataforma baja usando una grúa de oruga con capacidad para 50 toneladas con una pluma de 90 pies. El operador no tenía experiencia en esta grúa y desconocía la longitud de la pluma. Además, nadie había determinado el radio de movimiento de la carga. Durante el levantado, la carga se movió hacia adelante y a la derecha, aplicando una fuerza de torsión a la pluma. La pluma se torció con la carga, balanceándose hacia abajo y a la derecha. Dos trabajadores que estaban a 30 pies de distancia aparentemente vieron que la pluma empezó a balancearse y corrieron. La pluma golpeó a uno de los trabajadores (montador de acero) en la cabeza, provocando su muerte instantánea. El cable de acero golpeó al otro (aprendiz de administración) causándole lesiones internas por las que murió dos horas después en un hospital local.

Resultados de la inspección

(Sección no incluida en el original)

¿Recomendaciones para evitar este tipo de accidentes?

Hechos fatales; Reporte de accidente

Resumen de accidente #8

Tipo de accidente	Golpe por objeto en caída
Condiciones climáticas	Despejado
Tipo de operación	Construcción de torre de transmisión
Tamaño de la cuadrilla	4
Contrato colectivo	Sí
Monitor de seguridad competente en el sitio	Sí
Programa de Seguridad y Salud en efecto	Sí
El sitio fue inspeccionado regularmente	Sí
Se proporcionó capacitación y educación	No
Puesto del trabajador	*Groundman (framer)*
Edad y sexo	24, hombre,
Experiencia en este tipo de trabajo	2 años
Tiempo en la obra	3 días

Breve descripción del accidente

Los conectores *ball and socket* se usan para fijar los bloques para conductores a los aisladores de los brazos de 90 pies de las torres metálicas para cableado de transmisión de electricidad. Normalmente estos conectores se aseguran con chavetas de acero inoxidable. Sin embargo, en este caso, el conector se fijó envolviéndolo con cinta de aislar en lugar de chavetas. Aparentemente la cinta de aislar se estiró y el conector se aflojó, dejando caer el bloque para conductores, cerca de 90 pies, sobre la cabeza de uno de los trabajadores de la cuadrilla que estaba abajo.

Resultados de la inspección

Como resultado de su investigación, la OSHA expidió citaciones por presuntas violaciones serias y otras violaciones no serias. Los estándares de la OSHA para la construcción incluyen varios requisitos que, de haberse cumplido, podrían haber evitado esta muerte.

¿Recomendaciones para evitar este tipo de accidentes?

Hechos fatales; Reporte de accidente

Resumen de accidente #51

Tipo de accidente	Golpe
Condiciones climáticas	Despejado, frío, ventoso
Tipo de operación	Construcción de mantenimiento
Tamaño de la cuadrilla	3
Contrato colectivo	Sí
Monitor de seguridad competente en el sitio	No
Programa de Seguridad y Salud en efecto	No
El sitio fue inspeccionado regularmente	Inadecuado
Se proporcionó capacitación y educación	No
Puesto del trabajador	Obrero
Edad y sexo	33, hombre,
Experiencia en este tipo de trabajo	18 semanas
Tiempo en la obra	1 día

Breve descripción del accidente

Los trabajadores estaban desmantelando los vertedores de un elevador de granos. Las secciones del vertedor estaban unidas por abrazaderas. Una sección de 10 pies de un vertedor, de 600 libras de peso, estaba siendo jalada a través de un hoyo de ventilación con un cabrestante de 5 toneladas. Mientras el vertedero era jalado a través de la abertura hacia afuera, la abrazadera se atoró y varios trabajadores usaron barras para liberarla. El vertedero salió del hoyo de ventilación matando a un trabajador que estaba su lado. El empleador había proporcionado cascos, pero no era requisito el usarlos.

Resultados de la inspección

Como resultado de su investigación, la OSHA expidió citaciones por presuntas violaciones serias. El trabajador debería haber sido capaz de reconocer que esa situación era peligrosa. Además, la investigación reveló que este trabajador no estaba usando equipo de protección personal ante una situación peligrosa. Si hubiera usado casco, esta muerte podría haberse evitado.

¿Recomendaciones para evitar este tipo de accidentes?

Reconocimiento de peligros de golpe

(Notas)

Recognize Any Hazard(s)?

Recognize Any Hazard(s)?

Recognize Any Hazard(s)?

Recognize Any Hazard(s)?

Focus 4 en la construcción

Preguntas de repaso sobre Golpes

Nombre: _____ Fecha: _____

Instrucciones: marque la respuesta que considere correcta.

1. Las lesiones por golpe se producen por el impacto entre la persona lesionada y...

    a) Cables eléctricos de alto voltaje u otra fuente de energía

    b) Un objeto o parte de un equipo

    c) El empleador o algún compañero de trabajo

2. De los siguientes peligros de golpe ¿cuál es ejemplo de un golpe por objeto volador?

    a) Golpe por un clavo disparado por una pistola de clavos

    b) Golpe por una carga cayendo de una grúa

    c) Ser arrollado por un vehículo en el área de trabajo

3. ¿Qué podría suceder mientras una carga es elevada por medios mecánicos?

    a) Podría golpear al trabajador si la carga se balancea, se tuerce o da una voltereta

    b) No será afectada por las condiciones del viento o el mal clima

    c) Puede ser de cualquier peso y no afectará al equipo

4. ¿Qué medida de protección puede tomar un trabajador en o cerca de una zona en construcción?

    a) Dirigir el tráfico que entra y sale de la zona en construcción

    b) Trabajar detrás de vehículos en movimiento

    c) Vestir ropa reflectante de alta visibilidad

5. Un peligro de golpe podría describirse como cualquier situación en la que un trabajador podría...

    a) Caer desde una altura mayor a 10 pies

    b) Ser golpeado por un objeto en caída, balanceándose, volando o rodando

    c) Que alguna parte de su cuerpo pueda quedar atrapada entre objetos

6. ¿Qué debe hacer el empleador para proteger al trabajador contra el peligro de golpe?

a) Proporcionar equipo de protección personal (casco, gafas de seguridad, etc.)

b) Establecer lineamientos en los que el acceso a las grúas se permita solo a los contratistas

c) Asegurar que los resguardos de herramienta y equipo sean removidos cuando sea necesario para hacer un trabajo

Focus 4: Atrapado

Hechos fatales; Reporte de accidente

Resumen de accidente #5

Tipo de accidente	Atrapado
Condiciones climáticas	Despejado
Tipo de operación	Contratista de pavimentación
Tamaño de la cuadrilla	1
Contrato colectivo	No
Monitor de seguridad competente en el sitio	Sí
Programa de Seguridad y Salud en efecto	Sí
El sitio fue inspeccionado regularmente	Sí
Se proporcionó capacitación y educación	Sí
Puesto del trabajador	Trabajador del acero
Edad y sexo	22, hombre
Experiencia en este tipo de trabajo	1 día
Tiempo en la obra	3 horas

Breve descripción del accidente

Un obrero estaba limpiando a vapor una máquina de rascar mientras la rasqueta había quedado en posición elevada. La rasqueta controlada hidráulicamente no se había bloqueado para prevenir que cayera accidentalmente. La rasqueta cayó inesperadamente y el empleado fue atrapado entre la rasqueta y el borde cortante de la plataforma de la máquina. La rasqueta tenía un peso aproximado de 2,500 libras.

¿Recomendaciones para evitar este tipo de accidentes?

Hechos fatales; Reporte de accidente

Resumen de accidente #13

Tipo de accidente	Colapso de apuntalamiento
Condiciones climáticas	Despejado
Tipo de operación	Perforación y excavación para tubería
Tamaño de la cuadrilla	4
Contrato colectivo	Sí
Monitor de seguridad competente en el sitio	Sí
Programa de Seguridad y Salud en efecto	No
El sitio fue inspeccionado regularmente	Sí
Se proporcionó capacitación y educación	Sí
Puesto del trabajador	Soldador de tubería
Edad y sexo	62, hombre
Experiencia en este tipo de trabajo	18 años
Tiempo en la obra	2 ½ (?)

Breve descripción del accidente

Cuatro trabajadores estaban perforando un hoyo y empujando la carcasa para un tubo de 20 pulgadas debajo de una carretera. Los trabajadores estaban en una excavación de aproximadamente 9 pies de ancho, 32 pies de largo y 7 pies de profundidad. Estaban usando de apuntalamiento placas de acero de 8 pies por 15 pies, de un espesor de ¾ de pulgada, colocadas verticalmente contra las paredes norte y sur de la excavación, a una inclinación de aproximadamente 30 grados. No había apuntalamiento horizontal entre las placas de acero. La placa de acero del lado sur de la pared se volcó, aplastando a un empleado (quien murió) entre la placa de acero y la carcasa del tubo. Cuando la placa se volcó, se estaba operando una retroexcavadora al lado de la excavación.

¿Recomendaciones para evitar este tipo de accidentes?

Hechos fatales; Reporte de accidente

Resumen de accidente #15

Tipo de accidente	Aplastado por la caja de un camión de volteo
Condiciones climáticas	Despejado, cálido
Tipo de operación	Contratista general
Tamaño de la cuadrilla	N/A
Contrato colectivo	Sí
Monitor de seguridad competente en el sitio	Sí
Programa de Seguridad y Salud en efecto	Sí
El sitio fue inspeccionado regularmente	Sí
Se proporcionó capacitación y educación	No
Puesto del trabajador	Conductor de camión
Edad y sexo	25, hombre
Experiencia en este tipo de trabajo	2 meses
Tiempo en la obra	2 semanas

Breve descripción del accidente

Un conductor de camión murió aplastado entre el chasis y la caja de un camión de volteo. Aparentemente, un cable de seguridad conectado entre el chasis y la caja del camión falló al atorarse en la tuerca saliente de un cilindro del freno de aire. Esto impedía a la caja elevarse completamente, se detenía en un punto que dejaba cerca de 20 pulgadas de espacio entre la caja y el chasis. El trabajador aparentemente asumió que, al soltar el cable, la caja podría continuar hacia arriba. Se colocó entre el par de ruedas traseras, se inclinó sobre el chasis y desatoró el cable con su mano derecha. La caja de volteo cayó repentinamente, aplastando su cabeza. El empleado no había recibido capacitación o instrucción en procedimientos de operación apropiados y no tenía consciencia de todos los peligros potenciales en su trabajo.

¿Recomendaciones para evitar este tipo de accidentes?

Hechos fatales; Reporte de accidente

Resumen de accidente #18

Tipo de accidente	Atrapado por pieza giratoria
Condiciones climáticas	Despejado
Tipo de operación	Instalación de línea telefónica
Tamaño de la cuadrilla	3
Contrato colectivo	No
Monitor de seguridad competente en el sitio	Sí, la víctima
Programa de Seguridad y Salud en efecto	Sí
El sitio fue inspeccionado regularmente	Sí
Se proporcionó capacitación y educación	No
Puesto del trabajador	Operador de perforadora
Edad y sexo	56, hombre
Experiencia en este tipo de trabajo	10 años
Tiempo en la obra	5 días

Breve descripción del accidente

Una cuadrilla de tres trabajadores estaba instalando un cable telefónico subterráneo en una área residencial. Recién habían acabado de hacer un hoyo en un camino con una máquina perforadora horizontal. La barra perforadora se retiró del hoyo y, mientras la barra seguía girando, el operador se montó sobre ella para recogerla. La pernera de su pantalón se enredó en la barra haciéndolo dar una voltereta. Se golpeó contra herramientas y materiales, sufriendo lesiones mortales.

¿Recomendaciones para evitar este tipo de accidentes?

Hechos fatales; Reporte de accidente

Resumen de accidente #22

Tipo de accidente	Derrumbe
Condiciones climáticas	Despejado, cálido
Tipo de operación	Excavadora
Tamaño de la cuadrilla	2
Contrato colectivo	No
Monitor de seguridad competente en el sitio	Sí
Programa de Seguridad y Salud en efecto	No
El sitio fue inspeccionado regularmente	Sí
Se proporcionó capacitación y educación	No
Puesto del trabajador	Obrero
Edad y sexo	37, hombre
Experiencia en este tipo de trabajo	3 años
Tiempo en la obra	2 días

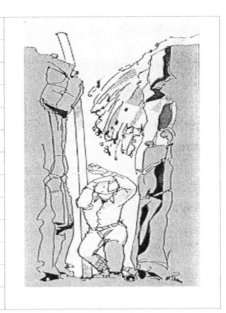

Breve descripción del accidente

Un trabajador estaba instalando un tubo de diámetro pequeño en una zanja de 3 pies de ancho, 12-15 pies de profundidad y 90 pies de largo. La zanja no había sido apuntalada ni tenía pendiente ni existía una caja o un escudo para proteger al trabajador. Además, había evidencia de que ya había ocurrido un primer derrumbe. Aparentemente, el trabajador volvió a entrar a la zanja y ocurrió un segundo derrumbe que lo sepultó. Fue encontrado boca abajo en el fondo de la zanja.

¿Recomendaciones para evitar este tipo de accidentes?

Hechos fatales; Reporte de accidente

Resumen de accidente #31

Tipo de accidente	Derrumbe
Condiciones climáticas	Nublado, seco
Tipo de operación	Zanjeo y excavación
Tamaño de la cuadrilla	4
Contrato colectivo	No
Monitor de seguridad competente en el sitio	Sí
Programa de Seguridad y Salud en efecto	Sí
El sitio fue inspeccionado regularmente	Sí
Se proporcionó capacitación y educación	No
Puesto del trabajador	Tubero
Edad y sexo	32, hombre
Experiencia en este tipo de trabajo	9 meses
Tiempo en la obra	2 semanas

Breve descripción del accidente

Dos trabajadores estaban tendiendo tubería para alcantarillado en una zanja de 15 pies de profundidad. Los lados de la zanja, de 4 pies de ancho en la parte inferior y 15 pies de ancho en la parte superior, no tenían apuntalamiento u otra protección para evitar un derrumbe. La tierra de la parte inferior de la zanja era mayormente arena y grava y la porción superior era barro y marga. La zanja no estaba protegida contra la vibración causada por el pesado tráfico de vehículos de una carretera cercana. Para salir de la zanja, los trabajadores tenían que subir por un montón de tierra. Cuando intentaban salir de la zanja, hubo un pequeño derrumbe que cubrió a un trabajador hasta los tobillos. Cuando otro trabajador fue en su ayuda, ocurrió otro derrumbe que lo cubrió hasta la cintura. El primer trabajador murió al dañarse el corazón y el segundo se lesionó la cadera.

¿Recomendaciones para evitar este tipo de accidentes?

Hechos fatales; Reporte de accidente

Resumen de accidente #38

Tipo de accidente	Atrapado
Condiciones climáticas	Despejado, seco
Tipo de operación	Construcción de carretera
Tamaño de la cuadrilla	4
Contrato colectivo	Sí
Monitor de seguridad competente en el sitio	Sí
Programa de Seguridad y Salud en efecto	Sí
El sitio fue inspeccionado regularmente	Sí
Se proporcionó capacitación y educación	No
Puesto del trabajador	Operador
Edad y sexo	38, hombre
Experiencia en este tipo de trabajo	11 meses
Tiempo en la obra	1 hora

Breve descripción del accidente

Un trabajador conducía una pala mecánica sobre la rampa sucia en un remolque. La oruga del tractor comenzó a deslizarse hacia fuera del remolque. En cuanto el tractor empezó a volcarse, el operador, que no llevaba un cinturón de seguridad, saltó de la cabina. Tan pronto como golpeó el suelo, la cabina del tractor le cayó encima, aplastándolo.

¿Recomendaciones para evitar este tipo de accidentes?

Hechos fatales; Reporte de accidente

Resumen de accidente #50

Tipo de accidente	Atrapado entre retroexcavadora y pared de concreto
Condiciones climáticas	Despejado, fresco
Tipo de operación	Contratista de excavación
Tamaño de la cuadrilla	9
Contrato colectivo	Sí
Monitor de seguridad competente en el sitio	No
Programa de Seguridad y Salud en efecto	No
El sitio fue inspeccionado regularmente	No
Se proporcionó capacitación y educación	No
Puesto del trabajador	Conductor de camión
Edad y sexo	34, hombre
Experiencia en este tipo de trabajo	Desconocida
Tiempo en la obra	4 días

Breve descripción del accidente

El contratista operaba una retroexcavadora cuando un trabajador intentó caminar entre la estructura oscilante de la retroexcavadora y un muro de concreto. En cuanto el trabajador se acercó a la retroexcavadora por el lado ciego del operador, la estructura lo golpeó, prensándolo contra la pared.

¿Recomendaciones para evitar este tipo de accidentes?

Hechos fatales; Reporte de accidente

Resumen de accidente #61

Tipo de accidente	Colapso de zanja
Condiciones climáticas	Regular
Tipo de operación	Excavación
Tamaño de la cuadrilla	2
Contrato colectivo	No
Monitor de seguridad competente en el sitio	No
Programa de Seguridad y Salud en efecto	No
El sitio fue inspeccionado regularmente	No
Se proporcionó capacitación y educación	Inadecuada
Puesto del trabajador	Obrero
Edad y sexo	51, hombre
Experiencia en este tipo de trabajo	6 meses
Tiempo en la obra	2 días

Breve descripción del accidente

Un trabajador estaba dentro de una zanja de 4 pies de ancho y 7 pies de profundidad. A unos 30 pies de distancia una excavadora estaba montada en ambos lados de la zanja. Cuando el operador notó que un gran trozo de tierra caía desde la pared detrás del trabajador que estaba en la zanja, le aviso que saliera. Antes de que el trabajador pudiera subir los 6-8 pies de pared, la zanja colapsó cubriendo su cuerpo hasta el cuello. El trabajador se sofocó antes que el operador de la excavadora pudiera rescatarlo. No había escaleras, las paredes no tenían pendiente ni apuntalamientos o algún otro sistema de protección en la zanja.

¿Recomendaciones para evitar este tipo de accidentes?

Hechos fatales; Reporte de accidente

Resumen de accidente #73

Tipo de accidente	Atrapado
Condiciones climáticas	Despejado, cálido
Tipo de operación	Estibando vigas de acero
Tamaño de la cuadrilla	6
Monitor de seguridad competente en el sitio	No
Programa de Seguridad y Salud en efecto	No
El sitio fue inspeccionado regularmente	No
Se proporcionó capacitación y educación	No
Puesto del trabajador	Obrero
Edad y sexo	28, hombre
Experiencia en este tipo de trabajo	4 años
Tiempo en la obra	5 semanas

Breve descripción del accidente

Dos obreros y un conductor de montacargas estaban estibando vigas "I" de 40 pies de largo preparándose para la construcción de una estructura de acero. Un obrero estaba colocando un espaciador de madera de 2 x 4 pulgadas en la última viga en la pila. El conductor del montacargas llegó a apilar una viga que no estaba asegurada a la horquilla del montacargas. La viga cayó de la horquilla, atrapando al obrero entre la viga y la pila de vigas.

¿Recomendaciones para evitar este tipo de accidentes?

Reconocimiento de peligros de atrapado

(Notas)

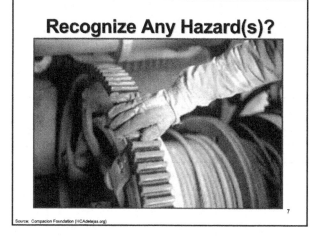

Ejercicio sobre Atrapado

Nombre: _____ Fecha: _____

Instrucciones: complete las oraciones de abajo usando alguna de las palabras de esta lista:

a) Resguardo s	e) Apilados	i) Asegurada
b) Derrumbe	f) Fija	j) Cinturón de seguridad
c) Equipo	g) Correctivas	
d) Identificar	h) 5 pies	

1. Para protegerse contra las partes móviles de herramienta y equipo de poder, debe asegurase de que la herramienta y el equipo tengan _____.

2. Para evitar quedar atrapado en un _____, no se debe trabajar en una zanja de _____ o más de profundidad.

3. Si es requisito, para evitar ser arrojado de un vehículo y aplastado en caso de volcadura, debe usar _____.

4. Al ser transportada por un montacargas, se debe asegurar que la carga esté estable y bien _____.

5. Nunca colocarse entre materiales en movimiento y una estructura _____, vehículo o materiales _____.

6. El empleador debe capacitar al trabajador en cómo usar el _____ que proporcione.

7. Una persona competente es capaz de _____ los peligros existentes en el sitio de trabajo y está autorizada para tomar medidas _____.

Focus 4 en la construcción

Preguntas de repaso sobre Atrapado

Nombre: _____ Fecha: _____

Instrucciones: marque la respuesta que considere correcta.

1. ¿Cuál es el principal peligro de atrapado en las excavaciones?

    a) Derrumbes   b) Daños a tubería subterránea   c) Caída de equipo en las zanjas

2. ¿Quién es capaz de identificar los riesgos existentes y predecibles en el sitio de trabajo y sus alrededores que sean peligrosos o insalubres para los trabajadores, y que tiene además la autorización para tomar medidas correctivas prontas para eliminarlos?

    a) Una persona competente   b) Un inspector de la OSHA

    c) Una persona calificada

3. Para evitar ser atrapado, el trabajador no debería vestir ropa floja ni usar joyería ¿Qué más debería evitar?

    a) Usar el cinturón de seguridad mientras opera equipo o maquinaria

    b) Reparar equipo o maquinaria que no ha sido bloqueado y etiquetado

    c) Usar equipo o maquinaria que esté resguardada

4. ¿De quién es la responsabilidad de proporcionar al trabajador la capacitación necesaria para el uso seguro del equipo de trabajo?

    a) Del empleador   b) Del trabajador   c) Del consultor de la OSHA

5. El trabajador no debería trabajar en zanjas de más de 5 pies de profundidad que no estén protegidas. Esta protección puede ser: dar una pendiente adecuada a las paredes de la zanja, colocar una caja o escudo dentro de la zanja y ¿cuál otra?

    a) Estabilizarla   b) Afirmarla   c) Apuntalarla

6. ¿Qué debe evitar el trabajador para no correr el riesgo de ser prensado entre equipo en movimiento y otros objetos fijos?

    a) Usar una caja o un escudo durante el trabajo de excavación

    b) Colocarse entre un vehículo en movimiento y una estructura fija, otro vehículo o materiales estibados

    c) Remover guardas de seguridad al usar herramienta como la sierra de disco.

Grúas

Hoja de Datos OSHA®

Subparte CC; grúas y torres en la construcción: ensamblaje y desensamblaje

En esta hoja informativa se explican los requerimientos del ensamblaje y el desensamblaje establecidos en la *Subparte CC; Grúas y torres en la construcción*, tal como se especifica en la 29 CFR 1926. 1403 – 1926.1406 y 192.1412. Estas previsiones entraron en vigor el 8 de noviembre de 2010.

Procedimientos

De acuerdo con este estándar, los empleadores deben cumplir con las prohibiciones de los fabricantes relacionadas con el ensamblaje y el desensamblaje. Sin embargo, el estándar generalmente permite al empleador elegir entre los procedimientos del fabricante y los propios (ver más abajo la excepción en los procedimientos con eslingas sintéticas). Los procedimientos de los empleadores deberán ser desarrollados por una *persona calificada* y deberán satisfacer una cantidad de requisitos, tales como proporcionar estabilidad y soporte a cada una de las partes del equipo y posicionar a los trabajadores involucrados de manera que se minimice su exposición al movimiento no intencional o colapso.

Responsabilidades de ensamblaje y desensamblaje

* La norma requiere que el trabajo sea dirigido por un director de A/D (sigla en inglés de ensamblaje y desensamblaje). El director de A/D deberá reunir los criterios requeridos tanto para una persona competente como para una persona calificada (definidas en esta regla), o deberá ser una persona competente ayudada por una persona calificada.

* El director de A/D debe entender los procedimientos aplicables.

* El director de A/D debe revisar los procedimientos inmediatamente antes de comenzar el trabajo a menos que comprenda esos procedimientos y ya los haya usado anteriormente en ese tipo de equipo y con esa configuración.

* El director de A/D debe asegurarse de que cada miembro de la cuadrilla comprenda sus tareas, los peligros de esas tareas y cualquier posición o lugar peligroso que deba evitar.

* El director de A/D debe verificar las capacidades de todo equipo que se use, incluidos los aparejos, las agarraderas para alzar (*lifting lugs*), etc.

* El director de A/D debe atender también los peligros asociados con la operación, incluidas las 12 áreas de interés especificadas: condiciones del sitio y del suelo, material para bloquear, lugares apropiados para bloquear, verificación de soportes de las cargas de grúa, puntos de levante de la pluma y del brazo, centro de gravedad, estabilidad al retirar los pernos, atascamientos, golpes por contrapesos, falla de los frenos de la pluma, pérdida de estabilidad trasera, velocidad del viento y clima.

Inspección

* Luego del ensamblaje, pero antes de usar, la grúa debe ser inspeccionada por una persona calificada para verificar que esté configurada de acuerdo con los criterios del fabricante del equipo. Si esos criterios no están disponibles, la persona calificada del empleador, con la ayuda de un ingeniero profesional registrado si fuera necesario, debe desarrollar una configuración apropiada que asegure el cumplimiento de dichos criterios.

Requisitos generales

* El miembro de la cuadrilla que se aleje de la vista del operador hacia un lugar donde pueda ser lesionado por el movimiento del equipo (o carga), debe informar al operador antes de ir a ese lugar. El operador no debe mover el equipo sino hasta que el miembro de la cuadrilla informe al operador que él o ella se ha trasladado a una posición segura.

* Los trabajadores nunca deberán colocarse debajo de la pluma o brazo cuando los pernos (o dispositivos similares) estén siendo removidos, a menos que sea requerido por las restricciones del sitio y que el director de A/D haya preparado los procedimientos que minimicen el riesgo de algún movimiento no intencional y previsto la duración y extensión de la exposición debajo de la pluma.

* Los contrapesos deberán estar disponibles para el ensamblaje de todos los componentes.

* Todo aparejo deberá ser hecho por un maniobrista o aparejador calificado.

* Los pernos no se podrán remover durante el desensamblaje mientras los pendones (*pendants*) estén tensados.

* Las plumas soportadas solo por una estructura saliente (*cantilever*) no deberán exceder las limitaciones del fabricante o las limitaciones RPE, según sea aplicable.

* La selección de los componentes y la configuración del equipo que afecte su capacidad u operación segura, deberá hacerse de acuerdo con los requisitos y limitaciones del fabricante o los requisitos y limitaciones RPE, según sea aplicable.

Eslingas sintéticas

* El empleador deberá seguir los procedimientos del fabricante al usar eslingas sintéticas para ensamblar o desensamblar aparejos (aun cuando el empleador haya desarrollado su propio procedimiento de ensamblaje y desensamblaje alterno a los procedimientos del fabricante).

* Las eslingas sintéticas deberán ser protegidas contra bordes abrasivos, cortantes o agudos y configuraciones que puedan reducir su capacidad nominal.

Brazos laterales y estabilizadores

Cuando se usen los estabilizadores o brazos laterales o estos sean necesarios debido a la carga que manipularán y al radio de operación:

* Los brazos laterales y estabilizadores deberán ser extendidos completamente o, si lo permiten los procedimientos del fabricante, emplazados como se especifique en la gráfica de cargas.

* Los estabilizadores deberán colocarse para remover peso del equipo sobre las ruedas, excepto en las grúas locomotoras.

* Si se usan soportes (*floats*) para los brazos laterales, estos deberán estar unidos a los brazos laterales. Si se usan soportes (*floats*) para los estabilizadores, estos deberán estar unidos a los estabilizadores.

* Cada brazo lateral o estabilizador deberá ser visible al operador o al maniobrista (*signal person*) durante su extensión y colocación.

* Los bloqueos de los brazos laterales o estabilizadores deberán colocarse debajo de los soportes (*floats*) o gatos o, si no hubiera gato, debajo de la superficie exterior de soporte de la viga del brazo o estabilizador. El bloqueo también deberá ser suficiente para sostener las cargas y mantener la estabilidad y debe colocarse apropiadamente.

Grúas de torre

Las grúas de torre están sujetas a requisitos adicionales para su erección, escalamiento, desensamblaje e inspección previa a la erección. (29 CFR 1926.1435).

This is one in a series of informational fact sheets highlighting OSHA programs, policies or standards. It does not impose any new compliance requirements. For a comprehensive list of compliance requirements of OSHA standards or regulations, refer to Title 29 of the Code of Federal Regulations. This information will be made available to sensory impaired individuals upon request. The voice phone is (202) 693-1999; teletypewriter (TTY) number: (877) 889-5627.

For more complete information:

Occupational Safety and Health Administration

Hoja de Datos OSHA®

Subparte CC; grúas y torres en la construcción: inspección de cableado

En esta hoja informativa se describen los requisitos de inspección de la *Subparte CC; grúas y torres en la construcción*, especificados en la 29 CFR 1926.1413. Estas previsiones entraron en vigor el 8 de noviembre de 2010. Con este documento se intenta ayudar a inspectores y supervisores de cableado.

Frecuencia de la inspección	Detalles de la inspección	Realizada por	Documentación
Cada turno	Ver la lista de abajo, la inspección visual debe hacerse antes de cada turno en que vaya a usarse el equipo	Persona competente	No requerida
Mensual	Ver detalles abajo	Persona competente	Requerida. Debe ser firmada por la persona que condujo la inspección y conservarse durante un mínimo de 3 meses
Anual	Ver detalles abajo	Persona calificada	Requerida. Debe ser firmada por la persona que condujo la inspección y conservarse durante un mínimo de 12 meses

* Las inspecciones anuales/integrales y las mensuales deberán ser documentadas de acuerdo con los 1926.1412(f)(7) y 1926.1412(e)(3), respectivamente.

* No deberá usarse lubricante que dificulte la inspección del cable.

* Todos los documentos que se produzcan de acuerdo con esta sección deberán estar disponibles, durante el periodo de conservación aplicable, a todas las personas que conducen las inspecciones especificadas en esta sección.

Inspección por turno

Las inspecciones por turno son inspecciones visuales que una persona competente debe hacer antes de cada turno durante el cual vaya a usarse el equipo. Para las inspecciones por turno no se requiere destrenzar (abrir) los cables o bajar la pluma. La inspección deberá consistir de una observación de los cables (corriendo y detenidos) que probablemente serán usados durante el turno, buscando deficiencias visibles, incluidas las siguientes:

Deficiencias visibles; Categoría I	Criterios para retirar del servicio

* Distorsiones significativas de la estructura del cable tales como: torcido, abollado, destrenzado, destorcido, señales de defectos o protrusión en el alma de acero entre los hilos exteriores.
* Corrosión significativa.
* Daño por arco eléctrico (de fuente distinta a los cables de electricidad) o daño por calor.
* Instalación inapropiada de los conectores de los extremos.
* Corrosión, agrietado, doblez o desgaste significativo de conexiones (por ejemplo, por uso severo).
	Si se identifica una deficiencia de Categoría I, la persona competente debe determinar inmediatamente si eso constituye un peligro para la seguridad. Si se determina que la deficiencia es un peligro para la seguridad, deberán prohibirse todas las operaciones que involucren el uso de ese cable hasta que:
	    * El cable sea reemplazado. (Ver 1926.1417) o
	    * Si la deficiencia es localizada, el problema se corrige cortando en dos el cable; la parte no dañada puede seguir usándose. Está prohibido unir cables por empalme. Si un cable es recortado, de acuerdo con este párrafo, el empleador debe asegurar que el tambor seguirá teniendo dos vueltas de cable cuando la carga y/o la pluma estén en su posición más baja.

Deficiencias visibles; Categoría II	Criterios para retirar del servicio

* Hebras visiblemente rotas:
    * En *running wire ropes*: seis hebras rotas distribuidas al azar en un cable, o tres hebras rotas en una puesta de cable. (Una puesta de cable es la longitud que alcanza una hebra al dar una vuelta completa en el cable).
    * En *rotation-resistant ropes*: dos hebras rotas distribuidas al azar en un tramo del tamaño de 6 veces el diámetro del cable, o cuatro hebras rotas distribuidas al azar en un tramo del tamaño de 30 diámetros del cable.
    * En pendones o *standing wire ropes*: más de dos hebras rotas en una puesta de cable localizada más allá de los conectores, o una hebra rota en una puesta de cable al final de la conexión.
* Reducción de más de 5% del diámetro nominal del cable.
	Si se identifica una deficiencia de Categoría II, deben prohibirse todas las operaciones que involucren el uso de ese cable hasta que:
	    * El empleador cumpla con los criterios establecidos por el fabricante para retirar cables del servicio, o con un criterio diferente que el fabricante haya aprobado por escrito para un cable específico. (Ver 1926.1417)
	    * El cable se reemplaza. (Ver 1926.1417) o
	    * Si la deficiencia es localizada, el problema se corrige cortando en dos el cable; la parte no dañada puede seguir usándose. Está prohibido unir cables por empalme. Si un cable es recortado, de acuerdo con este párrafo, el empleador debe asegurar que el tambor seguirá teniendo dos vueltas de cable cuando la carga y/o la pluma estén en su posición más baja.

Deficiencias visibles; Categoría III	Criterios para retirar del servicio

* En *rotation-resistant ropes*: la protrusión u otra distorsión que indique falla del alma.
* Contacto previo con algún cable eléctrico.
* Una hebra rota.
	Si se identifica una deficiencia de Categoría III, deben prohibirse todas las operaciones que involucren el uso de ese cable hasta que:
	    * El cable sea reemplazado. (Ver 1926.1417) o
	    * Si la deficiencia (que no sea por contacto con cable eléctrico) es localizada, el problema se corrige cortando en dos el cable; la parte no dañada puede seguir usándose. Está prohibido unir cables por empalme. Si un cable es recortado, de acuerdo con este párrafo, el empleador debe asegurar que el tambor seguirá teniendo dos vueltas de cable cuando la carga y/o la pluma estén en su posición más baja.

Cuando de acuerdo con esta sección se requiera retirar del servicio un cable, el equipo entero o el elevador con ese cable debe ser etiquetado de acuerdo con la 1926.1417(f)(1) hasta que el cable sea reparado o reemplazado.

Elementos de revisión crítica

Debe prestarse particular atención a lo siguiente:

* *Rotation-resistant ropes* en uso.

* Cables que se estén usando en elevadores de pluma y elevadores *luffing*, particularmente en curvas reversibles.

* Cables en puntos de brida, puntos de cruce y en puntos de levantamiento repetitivo en los tambores.

* Cable en o cerca de los extremos.

* Cable en contacto con asientos, poleas de nivelación u otras poleas donde el paso del cable es restringido.

Inspección mensual

Cada mes debe conducirse una inspección como la establecida arriba en *Inspección por turno*.

Además de los criterios para la inspección por turno, en las inspecciones mensuales se requiere que:

* La inspección incluya la revisión de cualquier deficiencia que haya determinado la persona calificada que conduzca la inspección anual de acuerdo con la 1926.1413(c)(3)(ii).

* Los cables en el equipo no sean usados sino hasta que dicha inspección demuestre que no se requiere acción correctiva de acuerdo con el 1926.1413(2)(4).

* La inspección sea documentada de acuerdo con el 1942.1412(e)(3) (documentación de la inspección mensual).

Inspección anual/integral

Al menos cada 12 meses, los cables que se usen en el equipo deberán ser inspeccionados por una persona calificada como se establece arriba en *Inspección por turno*.

Además de los criterios para la inspección por turno, en las inspecciones anuales se requiere que la inspección sea completa y exhaustiva, cubriendo la totalidad de la superficie de la longitud de los cables, con particular atención en lo siguiente:

* Los elementos de revisión crítica de la 1926.1423(a)(3). (Ver arriba *Elementos de revisión crítica*)

* Aquellas secciones normalmente ocultas durante las inspecciones de turno y las mensuales.

* Cable sujeto a curvas reversibles.

* Cable pasando sobre poleas.

Excepción

En la eventualidad de que una inspección anual acorde con la 1926.1413(c)(2) no sea factible debido a la situación y configuración del equipo (por ejemplo, cuando es necesaria una grúa auxiliar) o debido a las condiciones del sitio (por ejemplo, en una área densamente poblada), tales inspecciones deberán conducirse tan pronto como sea factible, pero no deben pasar más de 6 meses para los *running ropes* y, en el caso de los *standing ropes*, en el momento del desmontaje.

* Si se determina que la deficiencia es un peligro para la seguridad, deberán prohibirse todas las operaciones que involucren el uso de ese cable hasta que:

* El cable sea reemplazado. (Ver 1926.1417) o

* Si la deficiencia es localizada, el problema se corrige cortando en dos el cable; la parte no dañada puede seguir usándose. Está prohibido unir cables por empalme. Si un cable es recortado, de acuerdo con este párrafo, el empleador debe asegurar que el tambor seguirá teniendo dos vueltas de cable cuando la carga y/o la pluma estén en su posición más baja.

* Si se identifica una deficiencia y la persona calificada determina que, aunque no sea un peligro inmediato para la seguridad, la deficiencia necesita ser revisada de cualquier manera; el empleador debe asegurar que esa revisión se haga durante las inspecciones mensuales.

Además

* La inspección debe ser documentada de acuerdo con la 1926.1412(f)(7).

* No deberá usarse lubricante que dificulte la inspección del cable.

* Todos los documentos que se produzcan de acuerdo con esta sección deberán estar disponibles, durante el periodo de conservación aplicable, a todas las personas que conducen inspecciones de acuerdo con esta sección.

This is one in a series of informational fact sheets highlighting OSHA programs, policies or standards. It does not impose any new compliance requirements. For a comprehensive list of compliance requirements of OSHA standards or regulations, refer to Title 29 of the Code of Federal Regulations. This information will be made available to sensory-impaired individuals upon request. The voice phone is (202) 693-1999; teletypewriter (TTY) number: (877) 889-5627.

For assistance, contact us. We can help. It's confidential.

U.S. Department of Labor
www.osha.gov (800) 321-OSHA (6742)

DOC FS-3635   01/2013

OSHA 10 horas para la construcción

Preguntas de repaso sobre Grúas

Nombre: _____ Fecha: _____

Instrucciones: marque la respuesta que considere correcta.

1. Cerca de 45% de los accidentes con grúas ocurren cuando la grúa o la pluma hacen contacto con...

    a) Otras grúas   b) Barricadas en la zona de trabajo

    c) Cableado eléctrico   d) Trabajadores en el suelo

2. Antes de empezar a operar el equipo, el empleador debe...

    a) Identificar la zona de trabajo y determinar la proximidad al cableado eléctrico

    b) Notificar a la compañía del servicio eléctrico y estimar el voltaje del cableado

    c) Demarcar la zona de caída y probar la carga levantándola por lo menos 20 pies de la superficie del suelo

    d) Remover las barreras del área de peligro y observar las condiciones climáticas

3. Es aceptable trabajar con una grúa que tenga una ventana rota que distorsione la visibilidad del operador

    a) Verdadero   b) Falso

4. ¿Qué de lo siguiente debe estar a disposición del operador de la grúa en todo momento?

    a) Tablas de capacidad de carga

    b) Advertencias sobre peligros especiales

    c) Instructivos y manual del operador

    d) Todo lo anterior

5. ¿Cual persona es la responsable de inspeccionar toda la maquinaria y el equipo antes de ser usados y durante su uso, para verificar que se encuentren en condiciones seguras de operación?

    a) Persona certificada   b) Persona calificada

    c) Persona proficiente   d) Persona competente

Excavaciones

Hoja de Datos OSHA®

Seguridad para el zanjado y la excavación

Dos trabajadores mueren cada mes en derrumbes de zanjas. El empleador debe suministrar un lugar de trabajo sin riesgos reconocidos que puedan provocar heridas graves o la muerte. El empleador debe cumplir los requisitos para el zanjado y la excavación del título 29, normas 1926.651 y 1926.652 del Código de Reglamentos Federales o requisitos comparables del Programa estatal aprobado por la OSHA.

Una excavación es cualquier corte, cavidad, zanja o depresión en una superficie de tierra realizado por el hombre mediante la extracción de tierra.

Zanja (excavación de zanjas) significa una excavación estrecha (en relación con la longitud) realizada por debajo de la superficie del suelo. En general, la profundidad es mayor que el ancho pero el ancho de una zanja (medido en la base) no es mayor a 15 pies (4,6 metros).

Peligros del zanjado y la excavación

Los derrumbes representan el mayor riesgo y tienen una probabilidad mucho más alta de provocar muertes entre los trabajadores que otros accidentes de excavación. Otros riesgos posibles comprenden las caídas, la caída de cargas, atmósferas peligrosas e incidentes involucrando equipos móviles. Un metro cubico de tierra puede pesar tanto como un carro. Una zanja sin proteccion es una tumba. No entre a una zanja que no está protegida.

Medidas de seguridad en las zanjas

Las zanjas de 5 pies (1,5 metro) de profundidad o más requieren un sistema de protección a menos que la excavación se realice completamente en roca estable. Si tienen menos de 5 pies de profundidad, una persona competente puede determinar que no se requiere un sistema de protección.

Las zanjas de 20 pies (6,1 metros) de profundidad o más requieren que el sistema de protección sea diseñado por un ingeniero profesional registrado o que se base en datos tabulados preparados y / o aprobados, por un ingeniero profesional registrado de conformidad con la norma 1926.652 (b) y (c).

Persona competente

Las normas de OSHA indican que, antes de la entrada de cualquier trabajador, los empleadores deben obtener que una persona competente inspeccione zanjas a diario y a medida que se modifican las condiciones, para garantizar la eliminación de los riesgos de la excavación antes del ingreso del trabajador. Una persona competente es un individuo capaz de identificar peligros actuales o previsibles o condiciones de trabajo que son peligrosas, insalubres o riesgosas para los trabajadores, los tipos de suelo y los sistemas de protección exigidos y quien está autorizado para tomar medidas correctivas de inmediato a fin de eliminar estos peligros y condiciones.

Ingreso y egresos

Las normas de OSHA establecen el ingreso y el egreso seguros en todas las excavaciones, escaleras, peldaños, rampas u otros medios seguros de salida para los empleados que trabajan en el zanjado a 4 pies (1,22 metros) o más de profundidad. Estos mecanismos deben estar ubicados en un radio de 25 pies (7,6 metros) de todos los trabajadores.

Reglas generales para el zanjado y la excavación

- Mantenga la maquinaria pesada alejada de los bordes de la zanja.
- Identifique otras fuentes de inestabilidad en la zanja.
- Mantenga el suelo excavado (escombros) y otros materiales por lo menos a 2 pies (0,6 metros) de los bordes de la zanja.
- Sepa dónde se encuentran cables, cañerías y demás conexiones subterráneas de los servicios públicos antes de excavar.
- Realice pruebas de los riesgos atmosféricos como nivel bajo de oxígeno, vapores peligrosos y gases tóxicos cuando se encuentre a más de 4 pies de profundidad.
- Inspeccione las zanjas al comienzo de cada turno.
- Inspeccione las zanjas después de una tormenta, una lluvia u otra intrusión de agua.

- No trabaje debajo de cargas y materiales suspendidos o elevados.
- Inspeccione las zanjas después de todo acontecimiento que podría haber modificado las condiciones en la zanja.
- Asegurese de que el personal use vestimenta muy visible o de otro tipo apropiado cuando esté expuesto a tráfico vehicular.

Sistemas de protección
Hay diferentes tipos de sistemas de protección.

Escalonado es un método para proteger a los trabajadores de los derrumbes mediante la excavación de los bordes de manera que formen un nivel o una serie de niveles horizontales o peldaños, por lo general con superficies verticales o casi verticales entre los niveles. El escalonado no puede realizarse en suelo del tipo C.

Angulo de Inclinación es el recorte de la pared de la zanja en ángulo hacia afuera en la excavación.

Apuntalamiento es la instalación de soportes hidráulicos de aluminio o de otro tipo para evitar el desplazamiento del suelo y los derrumbes.

Entibación protege a los trabajadores mediante el uso de cajas de trinchera u otros tipos de soportes en la zanja para evitar el derrumbe del suelo. El diseño de un sistema de protección puede ser complejo porque usted debe considerar muchos factores: clasificación del suelo, profundidad del corte, contenido de agua del suelo, cambios provocados por el tiempo o el clima, sobrecargas (por ejemplo, escombros, otros materiales utilizados en la zanja) y otras operaciones en las cercanías.

Más información
Consulte la página en la web de temas de seguridad e salud de la OSHA sobre zanjado y excavación en
www.osha.gov/SLTC/trenchingexcavation/index.html
www.osha.gov/dcsp/statestandard.html

El presente folleto forma parte de una serie de folletos informativos en los que se destacan programas, políticas o normas de la OSHA. No se impone ningún nuevo requisito de cumplimiento. Si desea una lista detallada de requisitos de cumplimiento de las normas o los reglamentos de la OSHA, consulte el título 29 del Código de Reglamentos Federales. Si se solicita, esta información se pondrá a disposición de personas con limitaciones sensoriales. El número de teléfono es (202) 693-1999; el número del teleimpresor (TTY) es (877) 889-5627.

**Si desea asistencia, comuníquese con nosotros.
Somos OSHA y podemos ayudar. Su consulta es confidencial.**

**Departamento del Trabajo de Estados Unidos
www.osha.gov   (800) 321-OSHA (6742)**

DOC FS-3480 9/2011

OSHA 10 horas para la construcción

Preguntas de repaso sobre Excavaciones

Nombre: _____ Fecha: _____

Instrucciones: marque la respuesta que considere correcta.

1. ¿Cuál es la distancia mínima de la orilla de la excavación a que deben colocarse el material excavado, las herramientas y otros suministros?

    a) 1 pie   b) 2 pies   c) 7.5 pies   d) 25 pies

2. Deben proporcionarse escaleras, rampas, escalones o pasarelas para la salida rápida del trabajador cuando una excavación alcanza ¿Cuántos pies de profundidad?

    a) 4 pies   b) 5 pies   c) 10 pies   d) No importa

3. ¿Cuál es el principal peligro que el trabajador enfrenta al trabajar dentro de una zanja?

    a) Atmósfera peligrosa   b) Caída   c) Derrumbe   d) Caída de objetos

4. Si la zanja no está hecha en roca estable ¿A cuantos pies de profundidad se requiere que haya un sistema de protección?

    a) Los que decida la persona competente   b) 5 pies o más

    c) Más de 10 pies   d) a y b

Manejo de materiales

UNITED STATES DEPARTMENT OF LABOR

Almacenamiento

Piensa en tu seguridad

Riesgos potenciales para los trabajadores en operaciones de almacenamiento:

* Uso inseguro de montacargas

* Almacenaje inapropiado de las cargas

* El no usar el equipo de protección personal

* El no seguir cierre/rotulación

* Disposiciones de seguridad de incendio inapropiadas

* Lesiones de movimiento repetitivo.

Listas de Cotejo de Seguridad

Las siguientes listas de cotejo lo pueden ayudar a dar los pasos para evitar los riesgos que puedan causar lesiones, enfermedades o muertes. Como siempre, tenga cuidado y busque ayuda si está preocupado por un riesgo potencial en su establecimiento.

Seguridad General

* Las puertas de las plataformas de cargas expuestas o abiertas y otras áreas, de las cuales los empleados pudieran caer cuatro pies o más o caminar en falso, deben estar demarcadas con una cadena, acordonadas o de otro modo bloqueadas.

* Los pisos y pasillos deben mantenerse limpios, ordenados y secos. También deben estar libres de otros riesgos que puedan causar que los empleados resbalen, tropiecen o se caigan.

* Considerar las prácticas de trabajo seguras cuando se determina el tiempo para que un empleado realice una tarea.

* Los empleados que realizan trabajo físico deben de tener períodos de descanso adecuados para evitar niveles de fatiga que pudieran resultar en un riesgo mayor de accidentes y reducir la calidad del trabajo.

* Los empleados recién reclutados deben recibir adiestramiento general sobre ergonomía y en específico para la tarea a realizar.

* El almacén debe estar bien ventilado.

* Orientar a los empleados sobre cómo prevenir el estrés de calor en ambientes calientes y húmedos.

* Orientar a los empleados sobre cómo trabajar en ambientes fríos.

* Se debe tener un procedimiento de cierre/rotulación (LOTO).

Seguridad de Manejo de Materiales

* Los pasillos o pasadizos donde se use equipo de manejo mecánico deben tener suficiente espacio libre y estar apropiadamente marcados.

* Los materiales sueltos/desempacados que pudieran caer desde una estiba deben estar apropiadamente estibados, bloqueados, entrelazados o limitada la altura de la estiba para evitar riesgos de caídas.

* Las bolsas, los envases, paquetes, etc. deben estar almacenados en estibas apiladas, bloqueadas, entrelazadas y limitadas en peso, de modo que sean estables y seguras para evitar que se resbalen o colapsen.

* Se debe proveer cubiertas y resguardos para proteger al personal de los riesgos de aberturas en escaleras, pisos, fosos de registros, etc.

* Asegurarse que el personal use técnicas apropiadas de levantamiento.

* Los elevadores y montacargas para levantar materiales/contenedores deben usarse apropiadamente con espacios libres adecuados, sin obstrucciones y letreros de advertencia direccionales.

* Las áreas de almacenamiento se mantienen sin acumulación de materiales que pudieran causar tropezones, incendio, explosión o infestación de plagas.

Seguridad de Comunicación de Riesgos

* Todos los envases de materiales peligrosos deben estar etiquetados apropiadamente, indicando la identidad del químico, el nombre y dirección del manufacturero y las advertencias de riesgo.

* Debe haber una lista actualizada de los químicos peligrosos.

* La facilidad debe tener un programa escrito que cubra la determinación de riesgos, las hojas de información de seguridad de materiales (SDSs), el etiquetado y adiestramientos.

* Cada químico que llega nuevo debe tener un sistema de cotejo y estar acompañado por su SDS.

* Todos los empleados deben estar adiestrados en la norma de comunicación de riesgos, los riesgos químicos a los cuales están expuestos, cómo leer y comprender una SDS y las etiquetas químicas y qué precauciones tomar para evitar la exposición.

* Todo adiestramiento de empleados debe estar documentado.

* Los empleados deben usar el equipo de protección personal apropiado al manejar los químicos.

* Los químicos deben ser almacenados de acuerdo a las recomendaciones del manufacturero y los códigos locales o nacionales de incendio.

Seguridad de Montacargas

* Los vehículos industriales motorizados (montacargas), deben cumplir con los requisitos de diseño y construcción establecidos en la American National Standard for Powered Industrial Trucks, Part II, ANSI B56.1-1969.

* Se debe obtener la aprobación escrita del manufacturero del vehículo para cualesquier modificación o cambio que afecte la capacidad y operación segura del vehículo.

* Las placas con la capacidad, la operación y el mantenimiento, las etiquetas y pegatinas tienen que estar cambiadas para especificar cualquier modificación o aditamentos hechos al vehículo.

* Las placas deben mantenerse colocadas en el vehículo y ser legibles.

* Las baterías deben ser cargadas sólo en las áreas designadas.

* No se deben utilizar los montacargas en atmósferas que contengan químicos volátiles.

* Se deben proveer correas transportadoras, elevadores o un manejador de equipo equivalente.

* Las instalaciones de cargado de baterías deben estar ubicadas en áreas designadas para estos propósitos.

* Se deben tomar precauciones para evitar fumar, llamas abiertas, chispas o arcos eléctricos en las estaciones de carga de baterías y durante el almacenamiento/cambio de tanques de combustible de gas propano y tener protección contra incendio.

* Los operadores de montacargas deben estar preparados para operar un vehículo en forma segura, después de haber sido adiestrados, evaluados y certificados por personas competentes.

* El programa de adiestramiento debe incluir todos los temas relacionados con los vehículos, con el lugar de trabajo y los requisitos de la norma 4 OSH 1910.178 para la operación segura de vehículos.

* Los operadores se deben readiestrar con un repaso y reevaluar cuando hayan sido observados operando un vehículo de manera insegura o haya estado envuelto en un accidente o un conato de incidente.

* Se deben hacer evaluaciones de todo operador, al menos, una vez cada tres años.

* Los medios de enganchar la carga deben estar completamente bajos, con los controles neutralizados, la energía cerrada y los frenos puestos cuando se deja el montacargas desatendido.

* Debe de haber suficiente espacio entre la carga y las instalaciones, luces, tuberías, sistemas de rociadores, etc., en el proceso de subir o bajar la carga.

* Se deben proveer resguardos sobre la cabeza de los operadores de montacargas para protegerlos de los objetos que caigan.

* Los juegos y trucos mientras manejan están prohibidos.

* Todas las cargas deben estar estables, seguras y sin exceder la capacidad clasificada del vehículo.

* Los operadores deben llenar los tanques de combustible sólo cuando el motor está apagado.

* Las partes de reemplazo del vehículo deben ser equivalentes, en términos de seguridad, a los usados en el diseño original, según el manufacturero.

* Los vehículos deben ser examinados, por seguridad, antes de ser puestos en servicio y los que estén defectuosos deben ser removidos de servicio hasta ser reparados.

OSHA 10 horas para la construcción

Preguntas de repaso sobre Manejo de materiales

Nombre: _____ Fecha: _____

Instrucciones: marque la respuesta que considere correcta.

1. Sin importar la capacitación que haya recibido ¿Cuál es la edad mínima que debe tener un operador de montacargas?

    a) 16 años   b) 18 años   c) 21 años   d) 25 años

2. ¿Cuál es una buena manera de prevenir accidentes durante el manejo de materiales?

    a) No permitir que el personal viaje en el equipo sin usar un asiento y un cinturón de seguridad

    b) Reportar inmediatamente cualquier equipo dañado

    c) Operar el equipo de acuerdo con las especificaciones del fabricante

    d) Todo lo anterior

3. ¿Cuál de los siguientes es un método para eliminar o reducir peligros durante la operación de grúas?

    a) El operador debe conocer el peso de la carga que esté elevando y la capacidad nominal de la grúa

    b) Una persona competente debe conducir cada año una inspección visual

    c) Nunca exceder por más de 10% el límite de carga

    d) Todo lo anterior

4. Entre los estándares de la OSHA relacionados con el manejo de materiales que el empleador debe cumplir, están la capacitación y ...

    a) El equipo   b) Las operaciones

    c) La inspección   d) Todo lo anterior

Andamios

Hoja de Datos OSHA®

Andamios tubulares con acoplador: Erección y uso

Los trabajadores que erigen andamios corren el riesgo de lesiones serias por caídas y tropiezos, por golpes de herramientas en caída, electrocución por contacto con cables energizados y otros peligros. Antes de iniciar cualquier obra con andamios, el empleador deberá conducir una evaluación de riesgos para verificar la seguridad de los trabajadores.

Un andamio tubular con acoplador tiene una o varias plataformas soportadas con tubería y se erige conectando montantes, riostras (o *crucetas*), soportes y largueros con dispositivos de acoplamiento (Ver imagen a la derecha). Debido a su fortaleza, estos andamios se usan frecuentemente donde es necesario soportar cargas pesadas o donde varias plataformas deben alcanzar varios pisos de altura. Estos andamios se pueden ensamblar en múltiples direcciones, haciéndolos la opción preferida para superficies de trabajo de dimensiones o contornos irregulares.

Cuando se erija un andamio

* Usar una base nivelada, firme, rígida y capaz de soportar la carga sin asentarse ni desplazarse.

* Poner a plomo y riostrar postes, patas, puntales, marcos y montantes para prevenir su balanceo o desplazamiento.

* Colocar el primer nivel de riostrado, tan cerca de la base como sea posible.

* Poner a plomo y a nivel el andamio conforme vaya siendo erigido.

* Sujetar seguramente todos los acopladores y conexiones de un nivel antes de ensamblar el siguiente.

* Instalar vientos, amarres y riostras de acuerdo con las recomendaciones del fabricante.

* No mezclar componentes de andamios de diferentes fabricantes, a menos que se pueda hacer manteniendo la integridad estructural del andamio.

* Cuando se empaten plataformas para crear una plataforma más larga, cada extremo empatado debe descansar por separado sobre un soporte distinto.

* Una vez erecto el andamio, colocar tablones de pie (o de capellada) en todos los lados que tengan barandales, para prevenir el riesgo de caída de objetos.

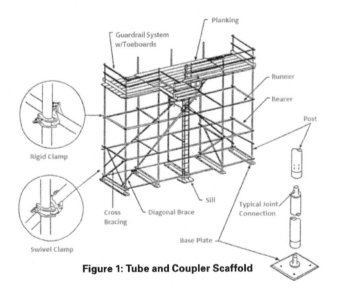

Figure 1: Tube and Coupler Scaffold

Cuando se use un andamio

* Asegurar que una *persona competente* inspeccione el andamio antes de cada turno de trabajo.

* Si durante la inspección se descubre algún daño o defecto en el andamio, este deberá ser etiquetado y dejará de usarse hasta que sea reparado. Fijar estas etiquetas en los puntos de acceso al andamio.

Un sistema común para etiquetar es el siguiente:

* Una etiqueta **roja** indica que el andamio es inseguro, que no se debe usar.

* Una etiqueta **verde** indica que el andamio está listo para ser usado.

* Usar el andamio de acuerdo con las instrucciones de su fabricante.

* Nunca cargar un andamio más allá de la carga máxima prevista o de su capacidad nominal.

* No usar métodos improvisados para incrementar la altura de trabajo de la plataforma del andamio, tales como escaleras, botes o bloques.

* Los trabajadores no deberán trabajar sobre plataformas cubiertas con nieve, hielo o cualquier otro material resbaladizo.

* El empleador debe proporcionar un acceso apropiado al andamio y de un andamio a otro, tales como escaleras portátiles, escaleras enganchables, escaleras plegables o escalinatas.

Cuando se desmantele un andamio

Verificar que no se hayan hecho modificaciones estructurales que pudieran hacer inseguro el andamio. Antes de iniciar los procedimientos de desmantelamiento, reconstruir o estabilizar el andamio según sea necesario.

Capacitación de los trabajadores

El uso del andamio solo debe permitirse a las personas capacitadas y autorizadas. Esta capacitación debe ser proporcionada por una *persona calificada* que entienda los peligros asociados con el tipo de andamio que se esté usando y los procedimientos para controlar o minimizar esos peligros. La capacitación debe incluir cómo hacer seguramente lo siguiente:

* Usar el andamio, manejar materiales y determinar el límite de carga máxima del andamio.

* Reconocer y evitar los peligros en los andamios, tales como descarga eléctrica, caída desde lo alto y ser golpeado por objetos en caída.

* Erigir, mantener y desensamblar sistemas de protección contra caídas y contra objetos en caída.

Los erectores y desmanteladores de andamios tubulares con acoplador están particularmente en riesgo porque su trabajo empieza antes de que las escaleras, barandales y plataformas estén completamente instalados. Estos trabajadores deben ser capacitados también en:

* Reconocer los peligros de los andamios.

* Erigir, mover, operar, reparar, inspeccionar, mantener y desensamblar apropiadamente el andamio.

* Identificar la carga máxima prevista y el uso previsto del andamio.

Los empleadores deberían capacitar a los trabajadores en los siguiente factores de seguridad:

* La forma y la estructura del edificio en que se colocará el andamiaje.

* Las condiciones distintivas del sitio y cualquier característica especial de la estructura del edificio en relación con el andamio (por ejemplo, cables eléctricos encima de él o tanques de almacenamiento). Considerar también la proximidad y las condiciones de otros edificios cercanos.

* Condiciones del clima y del medio ambiente.

* Requerimientos de protección contra caídas para los trabajadores que usen el andamio, tales como sistema de barandales o sistema personal de detención de caídas.

* Tipo y cantidad de equipo de andamiaje necesario para tener acceso a todas las áreas en que se trabajará.

* Almacenamiento y transporte apropiado de los componentes de andamiaje, materiales y equipo.

* Cómo acceder al andamio (por ejemplo, escaleras, sistemas de escalinatas, etc.).

* Proporcionar medios seguros de acceso para todo trabajador que esté erigiendo o desmantelando un andamio. Instalar escaleras enganchables o plegadizas tan pronto como sea posible.

* Asegurar que los trabajadores no trepen por las riostras (o *crucetas*) para llegar a la plataforma del andamio.

* Proporcionar protección contra caídas a los trabajadores que estén erigiendo o desmantelando el andamio.

* Asegurar los andamios a la estructura durante su erección y desmantelado.

Los trabajadores que erigen andamios enfrentan riesgos serios de lesiones por caída o volcado del andamio, golpes de herramienta u otros objetos en caída y electrocución por cables energizados.

Para evitar estos peligros en los andamios, los empleadores deberán:

* Asegurar que una *persona competente* supervise y dirija la erección, el movimiento, el desmantelado o la alteración del andamio.

This is one in a series of informational fact sheets highlighting OSHA programs, policies or standards. It does not impose any new compliance requirements. For a comprehensive list of compliance requirements of OSHA standards or regulations, refer to Title 29 of the Code of Federal Regulations. This information will be made available to sensory-impaired individuals upon request. The voice phone is (202) 693-1999; teletypewriter (TTY) number: 1-877-889-5627.

For assistance, contact us. We can help. It's confidential.

OSHA 10 horas para la construcción

Preguntas de repaso sobre Andamios

Nombre: _____ Fecha: _____

Instrucciones: marque la respuesta que considere correcta.

1. ¿Quién debe capacitar a quienes trabajan sobre un andamio?

    a) Los trabajadores no necesitan ser capacitados

    b) Los trabajadores son responsables de su propia capacitación

    c) Sus compañeros de trabajo con mayor experiencia

    d) Una persona competente designada por el empleador

2. ¿Quién debe desarrollar los planes de andamiaje?

    a) Una persona competente   b) El encargado de la obra

    c) Una persona calificada   d) El trabajador más experimentado

3. ¿Cuál de los siguientes no es un buen ejemplo de acceso al andamio?

    a) Escaleras   b) Crucetas   c) Torres de escalera   d) Pasadizos

Escalinatas y escaleras

Hoja de Datos OSHA®

Reducción de caídas en la construcción: uso seguro de las escaleras de extensión

Los trabajadores que usan escaleras de extensión corren el riesgo de lesiones permanentes o de muerte por caída o electrocución. Estos peligros pueden ser eliminados o substancialmente reducidos siguiendo buenas prácticas de seguridad. En esta hoja informativa se examinan algunos de los peligros que los trabajadores pueden encontrar cuando trabajan en escaleras de extensión, y se explica lo que empleadores y trabajadores pueden hacer para reducir las lesiones. Los requerimientos de la OSHA para las escaleras de extensión están en la *Subparte X: Escalinatas y escaleras* de los estándares de la OSHA para la construcción.

¿Qué es una escalera de extensión?

Conocidas también como *escaleras portátiles*, las escaleras de extensión usualmente tienen dos secciones que se operan con soportes o guías que permiten ajustar su extensión. (Ver imagen de abajo) Debido a que las escaleras de extensión no se soportan por sí solas, requieren de una estructura estable que pueda sostener la carga prevista.

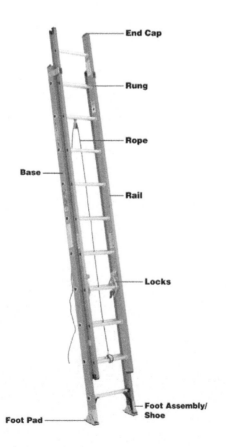

Planear por adelantado para hacer el trabajo de una manera segura

* Usar una escalera que pueda soportar al menos 4 veces la carga prevista, con la excepción de la escalera *extra-heavy duty* tipo 1A, que soporta solo 3.3 veces la carga máxima prevista. También son aceptables las escaleras que reúnan los requisitos establecidos en el *Apéndice A* de la *Subparte X*. Seguir las instrucciones del fabricante y de las etiquetas de las escaleras. Para determinar la escalera correcta, considerar su peso y el de lo que vaya a cargar. No exceder la capacidad de carga nominal y siempre incluir el peso de herramientas, materiales y equipo.

* Antes de usar una escalera, esta debe ser inspeccionada visualmente por una *persona competente* para verificar que no tenga defectos tales como peldaños, tornillos, tacones, tuercas u otros componentes flojos o faltantes. Cuando una escalera tenga estos u otros defectos, deberá marcarse inmediatamente como defectuosa o etiquetarse con un aviso que diga "No usar" o algo semejante.

* Dejar suficiente espacio para salir de la escalera de manera segura. Mantener libre de equipo, materiales y herramientas el área de arriba y la de abajo de la escalera. Si el acceso está obstruido,

asegurar la parte de arriba de la escalera a un soporte rígido que no se vaya a pandear, y agregar un dispositivo de agarre para que los trabajadores tengan un acceso seguro.

* Colocar la escalera a un ángulo apropiado. Cuando la escalera se reclina sobre una pared, la parte de abajo de la escalera deberá retirarse de la pared una cuarta parte de la longitud de la escalera. Para acceder a una superficie de trabajo elevada, la parte de arriba de la escalera debe extenderse tres pies por encima de esa superficie o se debe asegurar la parte alta de la escalera.

* Antes de iniciar el trabajo, revisar el área para verificar que no haya peligros potenciales tales como cables energizados. Cuando el trabajador pudiera hacer contacto con equipo eléctrico, las escaleras deberán tener largueros que no sean conductores de electricidad.

* Colocar la parte de abajo de la escalera de manera que asiente seguramente sobre los dos largueros para que ambos queden igualmente soportados. Los largueros de la escalera deberán estar a escuadra con la estructura en la que estén reclinados, con ambos tacones acomodados seguramente sobre una superficie estable y nivelada.

* Asegurar el trinquete de la escalera antes de subir por ella.

* Cuando se use la escalera en una área con mucha actividad, asegurarla para prevenir su movimiento y usar una barrera para desviar el tráfico de trabajadores y equipo. Si la escalera está colocada frente a una puerta, mantener siempre bloqueada esa puerta.

Proporcionar la escalera de extensión adecuada para el trabajo con la capacidad de carga apropiada

Seleccionar la escalera correcta sobre la base de la capacidad de carga prevista (*duty rating*), el tipo de trabajo que se va a hacer y la altura apropiada. Existen cinco categorías de *duty rating* para las escaleras.

Tipo	Capacidad nominal	Uso	Carga
IAA*	Special duty	Rudo	375 libras
IA	Extra duty	Industrial	300 libras
I	Heavy duty	Industrial	250 libras
II	Medium duty	Comercial	225 libras
III	Light duty	Casero	200 libras

Fuente para los tipos IA, I, II y III: *Subparte X: Escalinatas y escaleras, Apéndice A (American National Standards Institute, ANSI) 14.1, 14.2, 14.5 (1982)* de los estándares de la OSHA para la construcción. Fuente para el tipo IAA: ANSI 14.1, 14.2, 14.5 (2009), que son lineamientos no obligatorios.

Capacitar a los trabajadores en el uso seguro de la escalera de extensión

Los empleadores deben capacitar a cada trabajador para reconocer y minimizar los peligros relacionados con las escaleras.

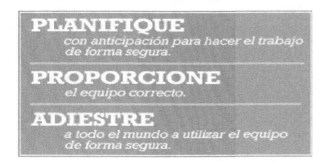

Qué hacer

* Mantener tres puntos de contacto (dos manos y un pie o dos pies y una mano) al subir o bajar por una escalera.

* Ver hacia la escalera al subir o bajar.

* Mantener el cuerpo dentro de los largueros.

* Poner atención adicional al entrar o salir de la escalera, arriba y abajo. Evitar ladear o hacer resbalar la escalera.

* Cargar herramientas en un cinturón para herramienta o elevarlas con una cuerda. Nunca llevar herramientas en las manos al subir o bajar por una escalera.

* Extender la parte alta de la escalera tres pies por encima de la superficie de aterrizaje (Ver imagen en la página previa).

* Mantener las escaleras libres de cualquier material resbaladizo.

Qué no hacer

* Poner la escalera encima de cajas, barriles o cualquier otra base inestable.

* Usar la escalera sobre tierra suelta o sobre una base inestable.

* Exceder la capacidad de carga máxima nominal de la escalera.

* Unir dos escaleras para hacer una más larga.

* Ignorar los cables de electricidad cercanos.

* Mover una escalera mientras hay equipo o alguna persona sobre ella.

* Inclinarse hacia afuera de los largueros de la escalera.

* Usar horizontalmente una escalera de extensión como si fuera una plataforma.

OSHA standard: **29 CFR 1926 Subpart X**—Stairways and Ladders

American National Standards Institute standard: **ANSI A14.1, A14.2, A14.5—Ladder Safety Requirements**
(Not an OSHA standard, included to be used as guidance to meet OSHA's requirements)

Employers using extension ladders must follow the ladder requirements set forth in 29 CFR 1926 Subpart X. Per Appendix A to Subpart X of Part 1926—Ladders, ladders designed in accordance with the following ANSI standards will be considered in accordance with 29 CFR 1926.1053(a)(1): ANSI A14.1-1982—American National Standard for Ladders—Portable Wood—Safety Requirements, ANSI A14.2-1982—American National Standard for Ladders—Portable Metal—Safety Requirements, and ANSI A14.5-1982—American National Standard for Ladders—Portable Reinforced Plastic—Safety Requirements.

State plan guidance: States with OSHA-approved state plans may have additional requirements for avoiding falls from ladders. For more information on these requirements, please visit: www.osha.gov/dcsp/osp/statesstandards.html.

Most OSHA offices have compliance assistance specialists to help employers and workers comply with OSHA standards. For details call 1-800-321-OSHA (6742) or visit: www.osha.gov/htm/RAmap.html.

This is one in a series of informational fact sheets highlighting OSHA programs, policies or standards. It does not impose any new compliance requirements. For a comprehensive list of compliance requirements of OSHA standards or regulations, refer to Title 29 of the Code of Federal Regulations. This information will be made available to sensory-impaired individuals upon request. The voice phone is (202) 693-1999; teletypewriter (TTY) number: (877) 889-5627.

For assistance, contact us. We can help. It's confidential.

U.S. Department of Labor
www.osha.gov (800) 321-OSHA (6742)

DOC FS-3660 05/2013

Seguridad en la escalera portátil

Las caídas desde escaleras portátiles (de tijera, rectas, combinadas o de extensión) son una de las causas principales de lesiones y muerte en el trabajo.

* Leer y seguir las indicaciones de las etiquetas y los avisos en las escaleras.

* Evitar los peligros eléctricos: buscar cables eléctricos arriba antes de manipular una escalera. Evitar el uso de escaleras de metal cerca de cables o equipo eléctrico energizado.

* Siempre inspeccionar la escalera antes de usarla. Si está dañada, debe retirarse del servicio y etiquetarse hasta que sea reparada o desechada.

* Mantener siempre tres puntos de contacto (dos manos y un pie o dos pies y una mano) al trepar la escalera. Mantener el cuerpo cerca del centro de los peldaños y siempre mirar hacia la escalera (ver el diagrama a la derecha).

* Usar las escaleras y sus accesorios (niveladores, gatos o ganchos de escalera) solo para los propósitos que fueron diseñados.

* Los peldaños, escalones y patas de las escaleras deben estar libres de cualquier material resbaladizo.

* No usar una escalera de tijera como si fuera una escalera recta ni en una posición parcialmente cerrada.

* No usar el peldaño superior a menos que haya sido diseñado para tal propósito.

* Usar la escalera solo en superficies estables y niveladas, a menos que sea asegurada (arriba y abajo) para prevenir su desplazamiento.

* No colocar la escalera sobre cajas, barriles u otras bases inestables para aumentar su altura.

* No mover una escalera mientras haya alguna persona o materiales sobre ella.

* Al usar una escalera de extensión o recta para acceder a una superficie elevada, esta deberá extenderse al menos 3 pies por encima de su punto de apoyo (ver diagrama en la página siguiente). No pararse en los tres peldaños superiores.

* Para reclinar la escalera al ángulo apropiado la base debe colocarse a una distancia de la pared u otra superficie vertical equivalente a la cuarta parte de su longitud (ver diagrama a la derecha).

* Al colocar una escalera en cualquier lugar donde se realicen otras actividades, debe asegurarse para prevenir que sea desplazada o debe erigirse una barricada que mantenga el tráfico alejado de la escalera.

* Verificar que todos los seguros de la escalera de extensión estén engranados apropiadamente.

* No exceder la capacidad de carga nominal máxima de una escalera. Poner atención a la capacidad nominal de la escalera y el peso que esté soportando, incluido el peso de cualquier herramienta o equipo.

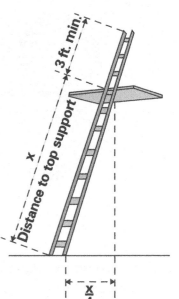

For more information:

OSHA® Occupational Safety and Health Administration
U.S. Department of Labor
www.osha.gov   (800) 321-OSHA (6742)

OSHA 3246-10N-05

Hoja de Datos OSHA®

Reducción de caídas en la construcción: uso seguro de las escaleras de tijera

Los trabajadores que usan escaleras en la construcción corren el riesgo de una lesión permanente o de muerte por caída o electrocución. Estos peligros se pueden eliminar o reducir substancialmente siguiendo buenas prácticas de seguridad. En esta hoja informativa se examinan algunos de los peligros que los trabajadores pueden enfrentar cuando trabajan en escaleras de tijera, y se explica lo que empleadores y trabajadores pueden hacer para reducir las lesiones. Los requerimientos de la OSHA para las escaleras de tijera están en la *Subparte X: Escalinatas y escaleras*, de los estándares de la OSHA para la construcción.

¿Qué es una escalera de tijera?

Una escalera de tijera es portátil, se soporta por sí sola, tiene dos largueros frontales y dos largueros traseros. Generalmente, tiene peldaños montados entre los largueros frontales y tirantes entre los largueros traseros. (Ver imagen de abajo)

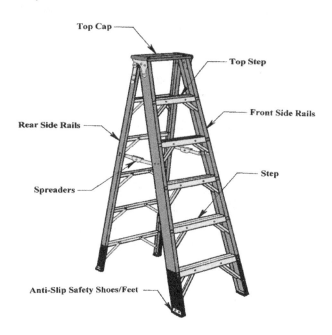

Planear por anticipado para hacer el trabajo de manera segura

Una *persona competente* debe inspeccionar periódicamente la escalera de tijera para verificar que no tenga defectos visibles o después de cualquier ocurrencia que pudiera haber afectado su seguridad. Los defectos pueden ser, entre otros:

* Daño estructural, rajaduras o dobladuras en los largueros y peldaños, tacones rotos o faltantes y dispositivos de seguridad faltantes o dañados.

* Grasa, polvo u otros contaminantes que podrían causar resbalones o caídas.

* Pintura o calcomanías (distintas a las de advertencia o las etiquetas de seguridad) que pudieran ocultar posibles defectos.

Proporcionar la escalera de tijera correcta para el trabajo con la capacidad de carga nominal apropiada

* Usar una escalera que pueda sostener al menos 4 veces la carga máxima prevista, excepto la escalera *extra-heavy duty* tipo 1A de metal o de plástico, que deberá sostener al menos 3.3 veces la carga máxima prevista. También son aceptables las escaleras que reúnan los requisitos establecidos en el *Apéndice A* de la *Subparte X*.

* Seguir las instrucciones del fabricante y las de las etiquetas de la escalera.

* Para determinar la escalera correcta, considerar el peso del trabajador y de su carga. No exceder la capacidad de carga

nominal y siempre incluir el peso de herramienta, materiales y equipo.

Tipo	Capacidad nominal	Uso	Carga
IAA*	Special duty	Rudo	375 libras
IA	Extra duty	Industrial	300 libras
I	Heavy duty	Industrial	250 libras
II	Medium duty	Comercial	225 libras
III	Light duty	Casero	200 libras

Fuente para los tipos IA, I, II y III: *Subparte X: Escalinatas y escaleras, Apéndice A (American National Standards Institute, ANSI) 14.1, 14.2, 14.5 (1982)* de los estándares de la OSHA para la construcción. Fuente para el tipo IAA: ANSI 14.1, 14.2, 14.5 (2009), que son lineamientos no obligatorios.

Capacitar a los trabajadores en el uso seguro de las escaleras de tijera

El empleador debe capacitar a cada trabajador para que reconozca y minimice los peligros relacionados con las escaleras.

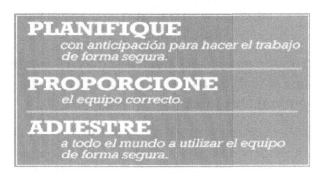

Peligros comunes en las escaleras de tijera

* Escalera dañada.

* Escalera sobre superficie resbaladiza o inestable.

* Separadores de la escalera sin asegurar.

* Pararse en el peldaño superior o en la parte más alta de la escalera.

* Cargar la escalera más allá de su capacidad nominal.

* Escalera en un lugar de mucho tráfico.

* Alcanzar lugares fuera de los largueros de la escalera.

* Escalera muy cercana al cableado o equipo eléctrico.

Qué hacer

* Leer y seguir las instrucciones del fabricante y las indicaciones de las etiquetas de la escalera.

* Verificar que no haya cables eléctricos arriba antes de manipular o subir por una escalera.

* Mantener tres puntos de contacto (dos manos y un pie o dos pies y una mano) al subir o bajar por una escalera.

* Mantener el cuerpo cerca del centro de la escalera y ver hacia ella al subir o bajar.

* Usar barricadas para mantener el tráfico alejado de la escalera.

* Mantener la escalera libre de cualquier material resbaladizo.

* Colocar la escalera solo sobre una superficie estable y nivelada, no resbaladiza.

Qué no hacer

* Usar la escalera para un propósito para el que no fue diseñada. Por ejemplo, usar una escalera de tijera como si fuera una escalera recta.

* Usar la escalera sin asegurar sus separadores.

* Pararse sobre el peldaño superior o la parte más alta de la escalera.

* Colocar la escalera encima de cajas, barriles u otra base inestable.

* Mover una escalera mientras hay equipo o alguna persona sobre ella.

* Subir por los tirantes de la parte trasera de la escalera.

* Pintar la escalera con substancias opacas.

* Usar una escalera dañada.

* Dejar herramientas, materiales o equipo encima de una escalera de tijera.

* Usar horizontalmente una escalera de tijera como si fuera una plataforma.

* Usar una escalera de tijera de metal cerca de cableado o equipo eléctrico.

OSHA standard: **29 CFR 1926 Subpart X**—Stairways and Ladders

American National Standards Institute standard: **ANSI A14.1, A14.2, A14.5—Ladder Safety Requirements** *(Not an OSHA standard, included to be used as guidance to meet OSHA's requirements)*

Employers using stepladders must follow the ladder requirements set forth in 29 CFR 1926 Subpart X. Per Appendix A to Subpart X of Part 1926—Ladders, ladders designed in accordance with the following ANSI standards will be considered in accordance with 29 CFR 1926.1053(a)(1): ANSI A14.1-1982—American National Standard for Ladders-Portable Wood-Safety Requirements, ANSI A14.2-1982—American National Standard for Ladders—Portable Metal—Safety Requirements, and ANSI A14.5-1982—American National Standard for Ladders—Portable Reinforced Plastic—Safety Requirements.

State plan guidance: States with OSHA-approved state plans may have additional requirements for avoiding falls from ladders. For more information on these requirements, please visit: www.osha.gov/dcsp/osp/statesstandards.html.

Most OSHA offices have compliance assistance specialists to help employers and workers comply with OSHA standards. For details call 1-800-321-OSHA (6742) or visit: www.osha.gov/htm/RAmap.html.

This is one in a series of informational fact sheets highlighting OSHA programs, policies or standards. It does not impose any new compliance requirements. For a comprehensive list of compliance requirements of OSHA standards or regulations, refer to Title 29 of the Code of Federal Regulations. This information will be made available to sensory-impaired individuals upon request. The voice phone is (202) 693-1999; teletypewriter (TTY) number: (877) 889-5627.

For assistance, contact us. We can help. It's confidential.

U.S. Department of Labor
www.osha.gov (800) 321-OSHA (6742)

DOC FS-3662 05/2013

Hoja de Datos OSHA®

Reducción de caídas en la construcción: uso seguro de escaleras de madera hechas en el trabajo

Los trabajadores que usan escaleras de madera hechas en el trabajo corren el riesgo de lesiones permanentes o de muerte por caída o electrocución. Estos peligros se pueden eliminar o reducir substancialmente siguiendo buenas prácticas de seguridad. En esta hoja informativa se listan algunos de los peligros que los trabajadores podrían encontrar cuando trabajan en escaleras de madera hechas en el trabajo y se explica lo que empleadores y trabajadores pueden hacer para reducir las lesiones. Los requerimientos de la OSHA para las escaleras de madera hechas en el trabajo están en la *Subparte X: Escalinatas y escaleras*, de los estándares de la OSHA para la construcción.

¿Qué es una escalera de madera hecha en el trabajo?

Una escalera de madera hecha en el trabajo es una escalera construida en el sitio de trabajo. No es fabricada comercialmente. Una escalera de madera hecha en el trabajo es para proporcionar acceso a y desde el área de trabajo. No está diseñada para servir como plataforma de trabajo. Estas escaleras son temporales y se usan solo hasta completar una fase particular del trabajo o hasta que se instale una escalinata permanente o una escalera fija. A la derecha se muestra una escalera de madera hecha en el trabajo, de 24 pies, construida de acuerdo con los lineamientos no obligatorios del American National Standards Institute (ANSI) A14.1-2009.

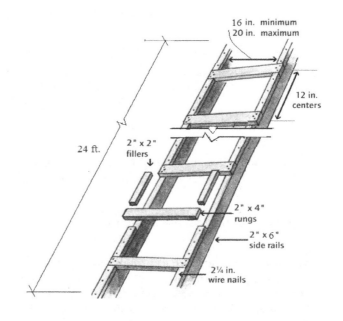

Requisitos de capacitación

Los empleadores deben capacitar a los trabajadores en el uso de escaleras y escalinatas. La capacitación debe habilitar a cada trabajador para reconocer los peligros relacionados con las escaleras y su uso apropiado para minimizar peligros.

Construcción de una escalera de madera segura hecha en el trabajo

Largueros

* Usar madera *grado construcción* para todos los componentes.

* Los largueros para escaleras de peldaño sencillo de hasta 24' de longitud deberán ser hechos de madera de al menos 2"x6" (nominal).

* Los largueros deben ser de una sola pieza, a menos que al empatarlas se mantenga la misma fortaleza que uno de una sola pieza.

* El ancho de las escaleras de peldaño sencillo debe ser de al menos 16", pero no de más de 20", medidas desde la superficie interior de los largueros.

* Los largueros deben extenderse por encima de la superficie de aterrizaje entre 36" y 42" para proporcionar un agarre al montar y desmontar la escalera y deben eliminarse los peldaños que quedarían arriba de la superficie de aterrizaje.

* Los largueros de una escalera que pudieran hacer contacto con equipo eléctrico deberán ser hechas con materiales que no sean conductores de electricidad.

* Mantener las escaleras libres de materiales resbaladizos.

* Poner la escalera solo sobre una superficie estable y nivelada, no resbaladiza.

Peldaños

* Los peldaños deben espaciarse uniformemente a 12", medidas desde el centro de la parte superior de un peldaño a la parte superior del siguiente.

* Los peldaños deben fijarse con tres clavos *12d* directamente en la superficie más angosta del larguero.

* No es aconsejable hacer cortes en los largueros para acomodar los peldaños.

* En escaleras de 16' a 24' de longitud, los peldaños deben ser de al menos 1"x4".

Bloques de relleno

* Los rellenos deben ser tiras de madera de 2"x2".

* Insertar los rellenos entre los peldaños.

* Clavar el relleno primero en la parte inferior de cada larguero con tres clavos regulares *12d*. Colocar los clavos en cada extremo del relleno a 1 ½" de distancia entre uno y otro.

* Clavar los siguientes dos rellenos y el siguiente peldaño y luego repetir. La escalera quedará completa cuando el último relleno sea clavado en la parte más alta de cada larguero.

* Hacer todos los largueros, peldaños y rellenos antes de ensamblar la escalera.

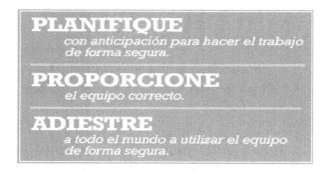

Inspección de las escaleras

* Las escaleras hechas en el trabajo deben ser inspeccionadas por una *persona competente*, periódicamente o después de cualquier ocurrencia que pudiera haber afectado su seguridad, verificando que no tenga defectos visibles.

* Los defectos podrían ser, entre otros: daño estructural, rajaduras o dobladuras en los largueros (por el frente y por detrás), escalones o peldaños rotos o faltantes y partes o etiquetas pintadas.

* Las escaleras deben estar libres de aceite, grasa y otros materiales que presenten un peligro de resbalar.

Qué hacer

Para prevenir que los trabajadores se lesionen por caer de una escalera, se recomienda a los empleadores adoptar las prácticas siguientes:

* Asegurar la base de la escalera de manera que no vaya a moverse.

* Alisar la superficie de madera de la escalera para prevenir lesiones a los trabajadores por punción o laceración o que la ropa se atore.

* Asegurar que las escaleras de madera hechas en el trabajo puedan soportar al menos 4 veces la carga máxima prevista.

* Usar las escaleras solo para el propósito que fueron diseñadas.

* Poner la escalera solo sobre una superficie estable y nivelada, a menos que sea asegurada para prevenir algún movimiento accidental.

* Asegurar que el trabajador vea hacia la escalera al subir o bajar.

* Mantener tres puntos de contacto (dos manos y un pie o dos pies y una mano) al subir o bajar por una escalera.

* Mantener la escalera libre de cualquier material resbaladizo.

* Mantener limpias las áreas cercanas a las partes superior e inferior de la escalera.

Qué no hacer

* Pintar la escalera con substancias no transparentes.

* Cargar cualquier objeto que pudiera causar que el trabajador pierda el balance y caiga.

* Someter las escaleras de madera hechas en el trabajo a cargas excesivas o pruebas de impacto.

OSHA standard: **29 CFR 1926 Subpart X**—Stairways and Ladders
American National Standards Institute standard: **ANSI A14.4-1979, ANSI A14.4-2009**

Employers constructing job-made ladders must follow the ladder requirements set forth in 29 C.F.R. 1926 Subpart X. They are encouraged to consult the non-mandatory guidelines set forth in ANSI A.14.4-1979— Safety Requirements for Job-Made Ladders (referenced in Appendix A to Subpart X of Part 1926—Ladders) and ANSI A.14.4-2009—Safety Requirements for Job-Made Wooden Ladders.

State plan guidance: States with OSHA-approved state plans may have additional requirements for avoiding falls from ladders. For more information on these requirements, please visit: www.osha.gov/dcsp/osp/statesstandards.html.

Most OSHA offices have compliance assistance specialists to help employers and workers comply with OSHA standards. For details call 1-800-321-OSHA (6742) or visit: www.osha.gov/htm/RAmap.html.

This is one in a series of informational fact sheets highlighting OSHA programs, policies or standards. It does not impose any new compliance requirements. For a comprehensive list of compliance requirements of OSHA standards or regulations, refer to Title 29 of the Code of Federal Regulations. This information will be made available to sensory-impaired individuals upon request. The voice phone is (202) 693-1999; teletypewriter (TTY) number: (877) 889-5627.

For assistance, contact us. We can help. It's confidential.

U.S. Department of Labor
www.osha.gov (800) 321-OSHA (6742)

DOC FS-3661 05/2013

OSHA 10 horas para la construcción

Preguntas de repaso sobre Escalinatas y escaleras

Nombre: _____ Fecha: _____

Instrucciones: marque la respuesta que considere correcta.

1. Cuando se usa una escalera como acceso hacia una superficie de aterrizaje superior ¿Cuantos pies debe extenderse por encima de esa superficie de aterrizaje?

    a) 2 pies   b) 3 pies   c) 4 pies   d) 5 pies

2. *¿Puede usarse una escalera de metal cerca del cableado o equipo eléctrico expuesto?*

    a) Sí, pero solo cuando no haya otra opción para hacer el trabajo

    b) No, nunca se debe usar una escalera de metal en esas circunstancias

3) Los pasamanos de una escalinata deben ser capaces de soportar sin falla (en 2 pulgadas de su orilla superior) un peso aplicado en cualquier dirección ¿De cuántas libras?

    a) 300   b) 250   c) 200   d) 175

4. Las escalinatas de cuatro o más escalones deben tener pasamanos.

    a) Verdadero   b) Falso

5. ¿A qué ángulo debe colocarse una escalera que no se soporta por sí misma?

    a) 90°   b) 30°   c) 1:2   d) 75°

Herramientas manuales y de poder

Hoja de Datos OSHA®

Amputaciones

¿Cuál es el origen de las amputaciones en el sitio de trabajo?

Las amputaciones son algunas de las lesiones en el trabajo más serias y debilitantes. Ocurren de muchas maneras en una variedad de actividades y equipos. Las amputaciones ocurren más frecuentemente cuando los trabajadores operan equipo que no está resguardado o lo está de una manera inadecuada: prensas mecánicas, frenos de prensas, transportadores mecánicos (motorizados o no), impresoras, máquinas rolladoras y dobladoras, rebanadoras de alimentos, moledoras de carne, sierras de cinta para carne, prensas para taladrar y máquinas laminadoras, lo mismo que poleas, molinos y cortadoras. Estas lesiones también ocurren durante el manejo de materiales y al usar montacargas y puertas, lo mismo que en compactado de basura y con herramientas manuales o de poder. Además de las operaciones normales, también las siguientes actividades en máquinas fijas exponen a los trabajadores al peligro potencial de una amputación: posicionar, hacer roscas, preparar, ajustar, limpiar, lubricar y dar mantenimiento a las máquinas, lo mismo que despejar cosas que se atascan en ellas.

¿Qué tipos de componentes de máquina son peligrosos?

Los siguientes tipos de componentes mecánicos presentan peligros de amputación:

* **Punto de operación**: el área de la máquina donde se trabaja el material.

* **Aparatos que transmiten poder**: volantes, poleas, bandas, cadenas, acoplamientos, ejes, levas y engranes, además de las barras conectoras y otros

* **Otras partes móviles**: componentes que se mueven durante las operaciones de la máquina, tales como: reciprocar, rotar y zigzaguear (sus partes móviles y las auxiliares).

¿Qué tipos de movimiento mecánico son peligrosos?

Todos los movimientos mecánicos son potencialmente peligrosos. Además de los puntos de pellizco (*nip* o *pinch points*) --que se crean al moverse juntas cuando menos dos partes de la máquina o una parte en movimiento rotativo o el movimiento circular generado por engranajes, rodillos, bandas o poleas--, los tipos de peligro más comunes son los siguientes:

* **Rotar**: movimiento circular de acoplamientos, levas, embragues, volantes y ejes, al igual que los extremos de los ejes y collarines rotando, donde se podría atorar la ropa o jalar el cuerpo hacia un lugar peligroso.

* **Reciprocar**: la acción hacia atrás y hacia adelante o hacia arriba y hacia abajo que podría golpear o atrapar al trabajador entre una parte fija y otra en movimiento.

* **Atravesar**: movimiento en línea recta que podría golpear a un trabajador o atraparlo en el punto de pellizco (*pinch point*) o de corte que se crea entre una parte fija y otra en movimiento.

* **Cortar**: acción que se genera al serrar, perforar, taladrar, laminar, rebanar o cortar.

* **Troquelar**: movimiento que resulta cuando una máquina desplaza un ariete

para estampar o golpear metal u otro material.

* **Esquilar**: movimiento de un deslizador o cuchilla automática durante el corte de metal.

* **Doblar**: acción que ocurre cuando se aplica fuerza a una dobladora para dar forma al metal u otros materiales.

¿Existen estándares de la OSHA que cubran los peligros de amputación en el sitio de trabajo?

Sí. La OSHA tiene los siguientes estándares en el *Title 29 of the Code of Federal Regulations* (CFR) para proteger a los trabajadores contra las amputaciones en el sitio de trabajo.

* *29 CFR Parte 1910 Subpartes O y P* cubre maquinaria y resguardos de maquinaria.

* *29 CFR Parte 1926 Subparte I* cubre herramientas de mano y de poder.

* 29 CFR Parte 1928 Subparte D cubre equipo agrícola.

* 29 CFR Parte 1915 Subpartes C, H y J; 29 CFR Parte 1917 Subpartes B, C y G, y; 29 CFR Parte 1918 Subpartes F, G y H cubren operaciones marítimas.

¿Qué pueden hacer los empleadores para proteger a los trabajadores contra las amputaciones?

Usted debe ser capaz de reconocer, identificar, manejar y controlar los peligros de amputación que comúnmente se encuentran en su sitio de trabajo, como los que presentan los componentes de maquinaria, el movimiento mecánico que ocurre en o cerca de esos componentes y las actividades que los trabajadores realizan durante la operación mecánica.

Las buenas prácticas de trabajo, la capacitación del trabajador y los controles administrativos pueden ayudar a prevenir y controlar el peligro de amputación. Resguardar las máquinas con el siguiente equipo es la mejor manera de controlar amputaciones causadas por maquinaria fija:

* **Guardas**: proporcionan barreras físicas que previenen el acceso a áreas peligrosas. Ellas deben ser seguras y fuertes y los trabajadores no deben anularlas, removerlas o alterarlas. Las guardas no deben obstruir la vista del operador ni obstaculizar el trabajo de los empleados.

* **Dispositivos**: ayudan a prevenir el contacto con los puntos de operación y pueden reemplazar o complementar las guardas. Los dispositivos pueden interrumpir el ciclo normal de una máquina cuando las manos del trabajador estén en el punto de operación, prevenir que el operador alcance el punto de operación o retirar las manos del operador si se acercan al punto de operación durante el ciclo de la máquina. Deben permitir su lubricado y mantenimiento de seguridad sin crear peligros o interferir con la operación normal de la máquina. Además deben ser seguros, a prueba de alteraciones y durables.

Usted es el responsable de resguardar las máquinas y debería considerar esta necesidad al comprar máquinas. Las máquinas nuevas usualmente disponen de guardas de seguridad instaladas por el fabricante. Usted también puede comprar por separado las guardas de seguridad o construirlas en el trabajo.

¿Hay algunos empleos que sean particularmente peligrosos para algunos empleados?

Sí. De acuerdo con la Fair Labor Standards Act, el Secretario del Trabajo ha designado ciertos empleos no agrícolas como especialmente peligrosos para los empleados menores de 18 años de edad. A estos trabajadores generalmente se les prohíbe operar sierras de cinta, sierras circulares, guillotinas, máquinas perforadoras y cortadoras, máquinas para empacar o procesar carne, máquinas para productos de papel, máquinas para carpintería, máquinas dobladoras de metal y para rebanar carne.

¿Cómo obtengo más información?

Usted puede encontrar el texto completo de los estándares de la OSHA y más información en la página cibernética de la OSHA: www.osha.gov. Además, la OSHA tiene disponibles publicaciones que explican en mayor detalle el tópico de las amputaciones. En el sitio de la OSHA están disponibles: *Concepts and techniques of machine safeguarding* (OSHA 3067) y *Control of Hazardous Energy (Lockout/Tagout)* (OSHA 3120). Para otro tipo de información sobre el resguardo de máquinas ver: www.osha.gov/SLTC/machineguarding/.

A guide protecting workers from woodworking hazards (OSHA 3157) está disponible en el sitio de la OSHA www.osha.gov o en Superintendent of Documents P.O. Box 371954, Pittsburgh, PA 15250-7954, o en el teléfono (202) 512-1800, o en línea en https://bookstore.gpo.gov/.

Para presentar una queja, reportar una emergencia, obtener consejo, ayuda o productos de la OSHA, comuníquese con su oficina más cercana, listada en el directorio telefónico bajo "U.S. Department of Labor", o llame gratis al (800) 321-OSHA (6742); el número de teletipo (TTY) es (977) 889-5627. Para presentar una queja en línea u obtener información adicional acerca de la OSHA federal y de los programas estatales, visite www.osha.gov.

This is one in a series of informational fact sheets highlighting OSHA programs, policies, or standards. It does not impose any new compliance requirements or carry the force of legal opinion. For compliance requirements of OSHA standards or regulations, refer to *Title 29 of the Code of Federal Regulations*. This information will be made available to sensory-impaired individuals upon request. Voice phone: (202) 693-1999. See also OSHA's website at **www.osha.gov.**

U.S. Department of Labor
Occupational Safety and Health Administration
2002

OSHA 10 horas para la construcción

Preguntas de repaso sobre Herramientas manuales y de poder

Nombre: _____ Fecha: _____

Instrucciones: marque la respuesta que considere correcta.

1. ¿Cuál de los siguientes es ejemplo de una práctica insegura al usar herramienta?

    a) Mantener afilada la herramienta

    b) Usar protección para la cara y ojos al operar un esmeril

    c) Usar un destornillador para esculpir madera

    d) Usar la herramienta siguiendo las instrucciones de su fabricante

2. ¿Cuál es la palabra que mejor describe a una herramienta propulsada por aire comprimido?

    a) Hidráulica   b) De arena   c) Eléctrica   d) Neumática

3. ¿Cuál de las siguientes acciones debe evitarse para que el trabajador no se exponga al peligro de una descarga eléctrica?

    a) Remover el contacto para tierra en una clavija de tres puntos de contacto

    b) Usar herramienta de aislamiento doble

    c) Usar un adaptador para conectar a una clavija de dos contactos a un enchufe de tres contactos

    d) Retirar del servicio la herramienta dañada y ponerle una advertencia de "No usar"

4. ¿Cuál de las siguientes afirmaciones sobre técnicas para resguardar es verdadera?

    a) Deben resguardarse el punto de operación, los puntos de pellizco y las partes rotativas de la herramienta

    b) Deben removerse los resguardos de la herramienta mientras se usan y devolverlos a su lugar cuando termine el trabajo

    c) Debe ajustarse el resguardo de discos abrasivos para permitir la máxima exposición de su superficie

    d) Debe usarse EPP porque los resguardos no protegerán al operador contra astillas, rebabas, chispas o partes móviles de la herramienta

5. El empleador debe cumplir con los siguientes requisitos ¿Excepto cuál?

    a) Proporcionar el EPP necesario al trabajador expuesto a los peligros de operar herramienta manual o de poder

    b) Cumplir con los estándares de capacitación y de inspección de la OSHA relacionados con la herramienta manual y de poder

    c) Determinar cuáles de los requisitos y recomendaciones del fabricante de la herramienta debe seguir o ignorar

    d) No usar ni permitir que alguien use herramienta manual que no sea segura

Peligros para la salud en la construcción

Hoja de Datos OSHA®

Asbestos

El asbesto es una fibra mineral natural. Fue utilizado en numerosos materiales de construcción y productos de vehículos por su fuerza y capacidad de resistir al calor y la corrosión antes que se descubrieron sus efectos peligrosos para la salud. Fibras individuales de asbesto no se puede ver a simple vista, lo cual pone a los trabajadores en un mayor riesgo. La Administración de Seguridad y Salud Ocupacional (OSHA) tiene regulaciones para proteger a los trabajadores de los peligros del asbesto.

¿Cuál es el peligro?

Fibras de asbesto son liberadas en el aire durante las actividades que alteran los materiales que contienen el asbesto.

Después, las fibras de asbesto pueden ser inhaladas sin darse cuenta y quedar atrapadas en los pulmones. En caso de ingestión, pueden quedar incrustadas en el tracto digestivo también.

Es muy conocido que el asbesto es un carcinógeno humano y puede causar enfermedad pulmonar crónica así como cáncer de los pulmones y otros tipos de cánceres. Puede pasar muchos años antes que los síntomas y/o el cáncer se desarrollé después de la exposición.

¿Dónde está el peligro?

El peligro puede ocurrir durante la fabricación de los productos que contienen el asbesto; la realización de reparaciones de freno o embrague; la renovación o demolición de edificios o barcos; o la limpieza de esas actividades; el contacto con el deterioro de los materiales que contienen el asbesto y durante la limpieza después de los desastres naturales (en inglés).

Se presume que algunos materiales contienen el asbesto si estuvieron instalados antes que 1981. Ejemplos de esos materiales, así como otros materiales que se presume tienen asbesto son:

- Aislamiento de sistema térmico
- Tejas de techo y revestimiento
- Losas de piso de vinilo (en inglés)
- Yeso, cemento, mastique, y calafateo
- Losas del techo y recubrimientos de aerosol
- Envolturas de tubería industriales
- Textiles resistentes al calor
- Forros de frenos y almohadillas de embrague de automóviles

Normas de la OSHA

OSHA tiene tres normas para proteger a los trabajadores de los peligros del asbesto, dependiendo en el tipo de trabajo. Para obtener información completa sobre todo los requisitos, vea la norma específica para su tipo de trabajo:

Industria general: 29 CFR 1910.1001 (en inglés) cubre trabajo en la industria general, tal como la exposición durante la reparación de frenos y embragues, trabajo de mantenimiento, y la fabricación de productos que contienen asbesto.

Astilleros: 29 CFR 1915.1001 (en inglés) cubre la construcción, alteración, reparación, mantenimiento, o renovación y demolición de estructuras que contienen el asbesto durante trabajo en astilleros.

Construcción: 29 CFR 1926.1101 (en inglés) cubre la construcción, alteración, reparación, mantenimiento, o renovación y demolición de estructuras que contienen el asbesto.

¿Qué protecciones existen en las normas?

- **Límite de exposición permisible (PEL)** para el asbesto es 0.1 fibra por centímetro cúbico de aire como un promedio ponderado en el tiempo de ocho horas (TWA), con un límite de excursión (EL) de 1.0 fibras de asbesto por centímetro cúbico sobre un periodo de 30 minutos. El empleador tiene que asegurar que nadie está expuesto a límites más altos.

- **Evaluación** de los sitios de trabajo cubiertos por las normas debe ser completada para determinar si el asbesto está presente y si el trabajo generará fibras en el aire por un método específico debajo de cada norma.
- **Monitoreo** es necesario para detectar si la exposición al asbesto está encima del PEL o EL para los trabajadores quienes están expuestos al asbesto o que se puede estar expuesta. La frecuencia depende en la clasificación del trabajo y la exposición. Las normas para construcción y astilleros requieren evaluación y monitorización por una persona competente.
- Si la exposición tiene potencial de estar por encima del PEL o EL, empleadores tienen que usar **controles de ingeniería y prácticas de trabajo adecuadas**, cuando posible, para mantenerlo en, o debajo del PEL y EL. Cuando los controles de ingeniería y prácticas de trabajo adecuadas no aseguran la protección de trabajadores a los límites de exposición, los empleadores tienen que reducir las exposiciones a los niveles más bajos posibles y después suplementar con protección respiratoria adecuada para estar debajo del PEL. Las normas de construcción y astilleros contienen métodos de control específicos dependiendo en la clasificación de trabajo, y la norma de industria general tiene controles específicos para el trabajo de reparación de frenos y embragues.
- **Es necesario usar comunicación y demarcación de peligros de forma adecuada** con señales de advertencia que contienen lenguaje especificado in las zonas que tienen exposiciones por encima del PEL o EL. No se puede fumar, comer, ni beber en estas zonas. Para prevenir la exposición, el equipo de protección personal (PPE) tiene que ser provisto y utilizado en estas zonas marcadas.
- Una zona de descontaminación y una zona de almuerzo con prácticas de higiene adecuadas tiene que estar presente para trabajadores expuestos encima del PEL para evitar contaminación.
- Los requisitos de **capacitación** dependen en la exposición y clasificación del sitio de trabajo. La capacitación deberá impartirse a todos los trabajadores expuestos en o encima del PEL antes de comenzar el trabajo y después, anualmente. Toda la capacitación debe llevarse a cabo en una manera y lenguaje que el trabajador pueda entender. Los trabajadores quienes realizan operaciones de limpieza en los edificios con materiales que pueden contener el asbesto pero no en el PEL también se les tendrá que proporcionar capacitación sobre el conocimiento del asbesto.
- Los requisitos de **vigilancia médica** son diferentes dependiendo de la industria. La vigilancia médica se deben proporcionar para trabajadores quienes se dedican a ciertas clasificaciones de trabajo, o experimentan exposiciones en o encima del PEL en construcción o astilleros. En la industria general, exámenes medicas se deben proporcionar para trabajadores quienes experimentan exposición en o enciman del PEL.
- Los archivos con información sobre el monitoreo de la exposición de asbesto tendrán que ser mantenidos por un mínimo de 30 años, y archivos de vigilancia médica de los trabajadores se deben conservar durante la duración del empleo más 30 años. Los archivos de capacitación tendrán que conservarse por a un mínimo de 1 año después de la última fecha del empleo.

Comunicación con la OSHA

Para más información sobre este y otros temas relacionados con la salud de los trabajadores, para reportar una emergencia, fatalidad o catástrofe, para pedir publicaciones, para presentar una queja confidencial, o para solicitar el servicio gratuito de consultoría en sito de OSHA, contacte a la oficina de OSHA más cercana a usted, visite www.osha.gov/espanol, o llame la OSHA a 1-800-321-OSHA (6742), TTY 1-877-889-5627.

Derechos del trabajador

Los trabajadores tienen el derecho a:

- Condiciones de trabajo que no representan un riesgo de daño grave.
- Recibir información y capacitación (en un lenguaje y vocabulario que entiende el trabajador) sobre los peligros del sitio de trabajo, métodos para prevenirlos, y las normas de la OSHA que aplican a su sitio de trabajo.
- Revisar archivos de lesiones y enfermedades relacionados con el trabajo.
- Obtener copias de los resultados de pruebas que encuentran y mieden peligros.
- Presentar una queja pidiendo a la OSHA inspeccionar su sitio de trabajo si piensan que hay un peligro grave o que su empleador no está siguiendo las reglas de la OSHA.
- La OSHA mantiene todas las identidades confidencial.
- Ejercer sus derechos debajo la ley sin retaliación o discriminación.

Para más información, véase la página para trabajadores de la OSHA.

Ésta es parte de una serie de boletines informativos que indican los programas, las políticas y las normas de la OSHA. Esto no impone ningún nuevo requisito de cumplimiento. Para una lista completa de los requisitos de cumplimiento de las normas o reglamentos de la OSHA, consulte el Título 29 del Código de Regulaciones Federales. Ésta información se pondrá a disposición de las personas con discapacidad sensorial, a pedido. El teléfono de voz es: (202) 693-1999; el teléfono de texto (TTY) es: (877) 889-5627.

Si necesita ayuda, contáctenos.

OSHA® Administración de Seguridad y Salud Occupacional

www.osha.gov (800) 321-OSHA (6742)

Departamento de Trabajo de los EE. UU.

DEP FS-3737 06/2014
Asbestos — Spanish

OSHA Hoja Informativa

Exposición a la sílice cristalina
Información sobre riesgos de la salud

¿Qué es la sílice cristalina?

La sílice cristalina es un componente básico de tierra, arena, granito y muchos otros minerales. El cuarzo es la forma más común de la sílice cristalina. La cristobalita y la tridimita son dos otras formas de la sílice cristalina. Las tres formas pueden convertirse en partículas que se pueden inhalar cuando los trabajadores, tallan, cortan, perforan o trituran objetos que contienen sílice cristalina.

¿Qué son los peligros de la sílice cristalina?

La exposición a la sílice sigue siendo un grave peligro para casi 2 millones de trabajadores en los Estados Unidos, incluyendo a más de 100,000 trabajadores en trabajos de gran riesgo como las limpiezas abrasivas, el trabajo de fundición, tallar piedra, perforar rocas, el trabajo de canteras y los túneles. Las muertes y enfermedades incapacitadoras que ocurren entre los trabajadores que limpian con chorros de arena o que perforan rocas son indicadoras de la gravedad de los riesgos de salud asociados con la exposición a la sílice. La sílice cristalina ha sido clasificada como carcinógena para el pulmón humano. Además, el hecho de respirar el polvo de sílice cristalina puede causar **silicosis**, que en sus aspectos más severos puede resultar en la discapacidad o la muerte. El polvo de sílice respirable entra en los pulmones y crea la formación de tejido de cicatriz reduciendo la capacidad de absorción de oxígeno por los pulmones. La silicosis no tiene cura. Dado que la silicosis afecta el funcionamiento de los pulmones, uno es más susceptible de contraer infecciones pulmonares como la **tuberculosis**. Además el hecho de fumar puede dañar los pulmones y empeorar el daño que causa la inhalación de polvo de sílice.

¿Qué son los síntomas de la silicosis?

Existen tres tipos de silicosis: silicosis crónica/clásica, acelerada y aguda.

La **silicosis crónica/clásica**, la más común, ocurre con 15 a 20 años de exposiciones moderadas o bajas a la sílice cristalina respirable. Los síntomas asociados con la silicosis cróni pueden ser o no ser evidentes; por lo tanto, los trabajadores necesitan hacerse una radiografía del pecho para determinar si se han dañado los pulmones. A medida que avanza la enfermedad, el trabajador puede perder el aliento cuando hace un esfuerzo o tener indicaciones clínicas de un intercambio insuficiente de oxígeno y dióxido de carbono. En las fases posteriores, el trabajador puede sentirse cansado, tener poco aliento, dolor de pecho o insuficiencia respiratoria.

La **silicosis acelerada** puede ocurrir con 5 a 10 años de exposición elevada a la sílice cristalina respirable. Los síntomas incluyen tener muy poco aliento, debilidad y pérdida de peso. El inicio de los síntomas tarda más tiempo que en el caso de la silicosis aguda.

La **silicosis aguda** ocurre en unos cuantos meses o hasta 2 años después de la exposición a muy altas concentraciones de sílice cristalina respirable. Los síntomas de la silicosis aguda incluyen una pérdida de aliento severa e incapacitadora, debilidad y pérdida de peso y suele resultar en la muerte.

¿Dónde se exponen los trabajadores de la construcción a la sílice cristalina?

La exposición ocurre durante varias actividades diferentes de la construcción. Las exposiciones más severas suelen ocurrir durante la limpieza abrasiva con chorros de arena para quitar pintura y derrumbe de puentes, tanques, estructuras de hormigón y de otras superficies. Otras actividades de construcción que pueden resultar en exposiciones graves se asocian con las perforadoras de martillo, la perforación de rocas o pozos, la mezcla de hormigón, la perforación de hormigón, con cortar y serrar ladrillos y bloques de hormigón, con los rejuntados salientes y las operaciones de excavación de túneles.

¿Dónde se exponen los empleados de la industria general al polvo de sílice cristalina?

Las más serias exposiciones a la sílice cristalina son el resultado de la limpieza abrasiva, que se realiza para limpiar y pulir las irregularidades de los moldes, las joyas y los moldes de fundición, del acabado de lápidas sepulcrales, el grabado o esmerilado de vidrio, y de la remoción de pintura, aceites, derrumbes o suciedad de objetos que se deben pintar o tratar. Otras exposiciones a la sílice ocurren en la fabricación de cemento o de ladrillos, la fabricación de pavimentos de asfalto, la fabricación de porcelana o cerámica, y en las industrias de matrices de herramientas, de acero y de fundición. Se utiliza la sílice cristalina en la fabricación, en los productos de limpieza abrasivos caseros, en los adhesivos, las pinturas, los jabones y el vidrio. Además las exposiciones a la sílice cristalina ocurren en tareas de mantenimiento, reparación y reemplazo de revestimientos de hornos de ladrillo refractario.

En la industria marítima, los empleados de astilleros se exponen a la sílice principalmente en las tareas de limpieza abrasiva para quitar pintura y limpiar y preparar tanques, cubiertas, mamparos y cascos metálicos para que se pinten o revistan.

¿Qué medidas ha iniciado OSHA frente a la exposición de sílice cristalina?

OSHA ha establecido un límite permisible de exposición (Permissible Exposition Limit—PEL) que es la cantidad máxima de sílice cristalino a los que se puedan exponer los trabajadores en un turno de trabajo de 8 horas (29 *CFR* 1926.55, 1910.1000). OSHA también requiere formación de comunicación de peligros para los trabajadores expuestos a la sílice cristalina, y requiere un programa de protección respiratoria hasta que se implementen controles de ingeniería. Además, OSHA ha creado un programa de énfasis nacional (National Emphasis Program—NEP) para la exposición a la sílice cristalina con el fin de identificar, reducir y eliminar los riesgos de salud asociados con las exposiciones ocupacionales.

¿Qué pueden hacer los empleadores y empleados para protegerse contra las exposiciones a la sílice cristalina?

- Reemplazar materiales de sílice cristalina con sustancias seguras, cuando sea posible.
- Brindar controles de ingeniería y administración, en la medida de lo posible, tales como ventilación en la zona y contenedores para la limpieza abrasiva. Donde se requiera reducir las exposiciones a niveles inferiores al límite permisible de exposición, utilizar equipo de protección u otras medidas de protección.
- Utilizar todas las prácticas de trabajo disponibles para controlar las exposiciones al polvo, tales como rociadores de agua.
- Utilizar solamente un respirador certificado "N95 NIOSH," si se requiere protección respiratoria. No se debe modificar el respirador. No se debe utilizar un respirador apretado con una barba o con un bigote que impida un buen encaje entre el respirador y la cara.
- Utilizar solamente un respirador con alimentación de aire para limpieza abrasiva de tipo "Type CE" para la limpieza abrasiva.
- Utilizar ropa de trabajo que se pueda tirar o lavar y ducharse si se hallan duchas disponibles. Utilizar una aspiradora para limpiarse el polvo de la ropa o ponerse ropa limpia antes de salir del lugar de trabajo.
- Participar en la formación, la supervisión de exposición y los programas de análisis y vigilancia con el fin de monitorear cualquier efecto negativo en la salud debido a exposiciones de sílice cristalina.
- Tomar conciencia de las operaciones y tareas que crean exposiciones a la sílice cristalina en el lugar de trabajo y aprender cómo protegerse a uno mismo.
- Tomar conciencia de los peligros de salud asociados con las exposiciones a la sílice cristalina. El hecho de fumar empeora el daño a los pulmones que causan las exposiciones a la sílice.
- No comer, beber, fumar o utilizar productos cosméticos en zonas donde existe polvo de sílice cristalina. Limpiarse las manos y la cara fuera de las zonas que contienen polvo antes de realizar cualquiera de estas tareas.
- ¡No se olvide! Si es sílice no es tan sólo polvo.

¿Cómo obtener más información sobre la seguridad y la salud?

OSHA ofrece varias publicaciones, normas, ayuda técnica y herramientas de conformidad para ayudarle. Asimismo, ofrece una ayuda extensa mediante consultas en el lugar de trabajo, programas voluntarios de protección, subvenciones, asociaciones estratégicas, planes estatales, formación y educación. *Las Directivas de Gestión del Programa de Seguridad y Salud de OSHA* (*Registro Federal* 54:3904-3916, 26 de enero de 1989) presentan información detallada esencial para el desarrollo de un buen sistema de gestión de seguridad y salud. Esta y demás datos se hallan disponibles en el Website de OSHA.

- Para obtener una copia gratis de las publicaciones de OSHA, envíe una etiqueta de correo rotulada con su propia dirección a OSHA Publicaciones Office, P.O. Box 37535, Washington, DC 20013-7535, o envíe una solicitud por fax marcando el (202) 693-2498, o bien llámenos al (202) 693-1888.
- Para pedir publicaciones de OSHA en línea en **www.osha.gov**, diríjase a **Publicaciones** y siga las instrucciones para realizar su pedido.
- Para presentar una demanda por teléfono, comunicar una emergencia u obtener consejos, ayuda o productos de OSHA, contacte a su oficina de OSHA más cercana listada bajo "U.S. Department of Labor" en su anuario telefónico o llame gratis marcando el **(800) 321-OSHA (6742)**. El número de teleprinter (TTY) es (877) 889-5627.
- Para presentar una demanda en línea u obtener mayor información sobre los programas federales y estatales de OSHA, visite el Website de OSHA.

Este texto forma parte de una serie de hojas de datos que enfocan programas, políticas o normas de OSHA y no impone ningún requisito de conformidad nuevo. Para obtener una lista completa de los requisitos de conformidad de las normas y de los reglamentos de OSHA, consulte el *Título 29 del Código de Reglamentos Federales. Esta* información se halla disponible a personas con discapacidad sensorial cuando se solicite. El teléfono de voz es (202) 693-1999. Véase también el Website de OSHA en **www.osha.gov**.

Hoja de Datos OSHA

Protegiendo a los trabajadores de los peligros del plomo

La limpieza después de una inundación requiere de cientos de trabajadores para renovar y reparar o derrumbar y desechar materiales y estructuras dañadas o destruidas. Las operaciones de reparación, renovación y demolición frecuentemente generan en el aire concentraciones peligrosas de plomo, un metal que, si se inhala o ingiere en cantidades peligrosas, puede dañar el sistema nervioso, los riñones, los órganos hemáticos y el sistema reproductor. La Administración de Seguridad y Salud Ocupacional (OSHA) ha desarrollado regulaciones dirigidas a proteger de los peligros de la exposición al plomo a los trabajadores involucrados en las actividades de construcción.

¿Cómo puedo ser expuesto al plomo?

El plomo es un ingrediente de millares de productos usados ampliamente en la industria; por ejemplo, pinturas a base de plomo, soldadura de plomo, ductos y conectores eléctricos, revestimiento de tanques, partes para uso en plomería y muchas aleaciones metálicas. Aunque muchos usos del plomo se han prohibido, las pinturas a base de plomo siguen usándose en puentes, vías férreas, embarcaciones y otras estructuras de metal por sus propiedades inhibitorias de la oxidación y la corrosión. Además, muchas casas ya fueron pintadas con pintura que contenía plomo. La exposición significativa al plomo también puede ocurrir cuando se remueve la pintura de superficies previamente cubiertas con pintura a base de plomo.

Ejemplos de operaciones que pueden generar polvo y humos de plomo:

* Demolición de estructuras;

* Cortado con soplete;

* Soldadura;

* Uso de pistolas de calor, pulidoras, espátulas o esmeriles para remover pintura de plomo; y

* Abrasivos aplicados a presión en estructuras de acero.

La OSHA tiene regulaciones que gobiernan la exposición al plomo de los trabajadores de la construcción. Los empleadores de trabajadores involucrados en la reparación, renovación, remoción, demolición y recuperación de estructuras y materiales dañados por inundación son responsables de desarrollar y aplicar un programa de protección al trabajador acorde con el Título 29 del Código Federal de Regulaciones (CFR), Parte 1926.62. Este programa es esencial para minimizar el riesgo de la exposición de trabajadores al plomo. Las obras de construcción varían en su alcance y en su potencial de exponer a los trabajadores al plomo y otros peligros. Muchas obras involucran solo una exposición limitada; por ejemplo, la remoción de pintura de algunas superficies del interior de una residencia. Mientras que otras obras podrían involucrar una exposición significativa. Los empleadores deben cumplir con los estándares de la OSHA sobre el plomo en todo momento. Una copia de los estándares y un folleto –*Lead in Construction* (OSHA 3142)-- que describen cómo cumplir con ellos, están disponibles en OSHA Publications, P.O.Box 37535, Washington, DC, 20013-7535, (202) 693-1888 (teléfono) o (202) 693-2498 (fax); o visite la página cibernética de la OSHA en www.osha.gov.

Elementos principales de los estándares de la OSHA sobre el plomo

* Establece un Límite de Exposición Permisible (PEL, por su sigla en inglés) de 50 microgramos de plomo por pie cúbico de aire, como porcentaje promedio durante un periodo de 8 horas.

* Requiere que los empleadores usen controles de ingeniería y prácticas de trabajo, donde se sea posible, para reducir la exposición de los trabajadores.

* Requiere que los empleados observen buenas prácticas de higiene personal, tales como lavarse las manos antes de comer y bañarse antes de retirarse del sitio de trabajo.

* Requiere proporcionar a los empleados indumentaria de protección y, cuando sea necesario, protección respiratoria acorde con la 29CFR 1910.34.

* Requiere que los empleados expuestos a altos niveles de plomo sean inscritos en un programa de observación médica.

Para más información

Para más información sobre este y otros asuntos relacionados con la salud de los trabajadores, visite la página cibernética de la OSHA en www.osha.gov.

This is one in a series of informational fact sheets highlighting OSHA programs, policies or standards. It does not impose any new compliance requirements. For a comprehensive list of compliance requirements of OSHA standards or regulations, refer to Title 29 of the Code of Federal Regulations. This information will be made available to sensory impaired individuals upon request. The voice phone is (202) 693-1999; teletypewriter (TTY) number: (877) 889-5627.

For more complete information:

OSHA Occupational Safety and Health Administration

U.S. Department of Labor
www.osha.gov
(800) 321-OSHA

DSTM 11/2005

OSHA 10 horas para la construcción

Preguntas de repaso sobre Peligros para la salud

Nombre: _____ Fecha: _____

Instrucciones: marque la respuesta que considere correcta.

1. ¿Cuál de los siguientes es un tipo de peligro común para la salud?

    a) Químico   b) Económico   c) Eléctrico   d) Caída

2. ¿Cuál de los siguientes es ejemplo de un peligro físico para la salud?

    a) Asbesto   b) Ruido   c) Sílice   d) Plomo

3. ¿Cuál es un control de ingeniería apropiado para protegee contra el ruido?

    a) Audiogramas   b) Tapones para los oídos

    c) Alejarse de la fuente del ruido   d) Construir una barrera acústica

4) ¿Cuál es uno de los requerimientos al empleador?

    a) Determinar si la exposición del trabajador excede los PEL de la OSHA

    b) Realizar evaluaciones médicas a los trabajadores

    c) Desarrollar programas de capacitación sobre la sílice para los trabajadores

    d) Proporcionar botas con punteras metálicas a los trabajadores

Books in the OSHA Outreach Training Program Series

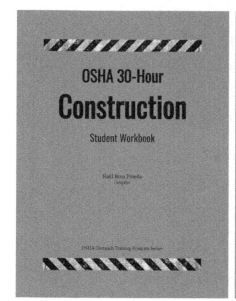

OSHA 30-Hour Construction Student Workbook
(ISBN-13: 978-1975997830)

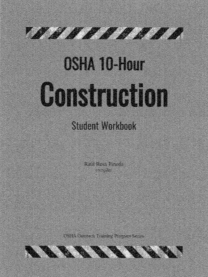

OSHA 10-Hour construction Student Workbook
(ISBN-13: 978-1546484363)

OSHA 10-Hour General Industry; Student Workbook
(ISBN-13: 978-1979408592)

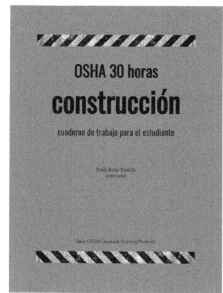

OSHA 30 horas construcción cuaderno de trabajo para el estudiante
(ISBN-13: 978-1977837479)

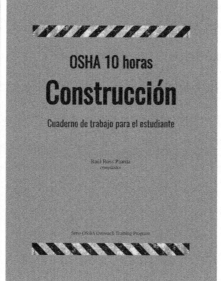

OSHA 10 horas construcción cuaderno de trabajo para el estudiante
(ISBN-13: 978-1974103553)

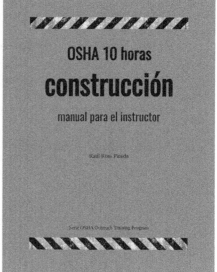

OSHA 10 horas construcción: manual para el instructor

(coming soon)

Search by author, title or ISBN in your favorite online bookstore

Made in the USA
Coppell, TX
20 June 2020

28675332R00092